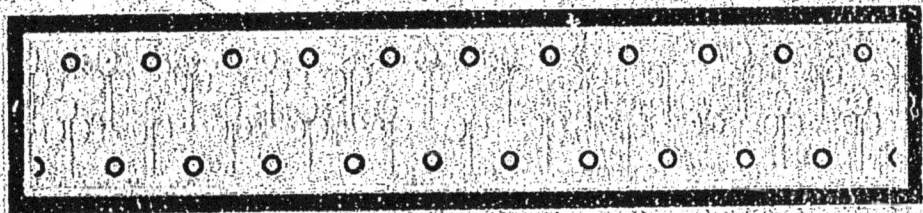

DAVID JOUANT DE LA HARPE.

A MES ÉLÈVES

HISTOIRES ET CONSEILS

D'UN RELIGIEUX

LEUR PROFESSEUR ET AMI

TOULOUSE

IMPRIMERIE ET LIBRAIRIE ÉDOUARD PRIVAT

45, RUE DES TOURNEURS, 45

1893

VU :

✝ FL., Card. Archev. de Toulouse.

Mes chers Amis,

Vous avez, m'a-t-on dit, fait un si bienveillant, un si gracieux accueil aux conseils de votre ancien professeur, qu'il ne sait en vérité comment vous remercier. Vous avez pris connaissance de ces courtes pages, inspirées uniquement par le désir de vous faire un peu de bien, vous les avez goûtées; et les excellents maîtres qui s'entretenaient avec vous des avis qu'elles renferment ont constaté avec bonheur que vous vous appliquiez à mettre ces avis en pratique. Si j'avais d'autres conseils utiles et sages à vous faire entendre, vous seriez donc assez indulgents pour les écouter, vous essaieriez d'en tirer quelque *fruit? Eh bien, souffrez que j'ajoute quelques mots à ceux que je vous ai adressés. Seulement, comme*

      L'ennui naquit un jour de l'uniformité,

je me permettrai d'entremêler ces pages nouvelles de quelques histoires. Dites-moi si celle par laquelle je vais commencer n'est pas vraiment touchante.

CHAPITRE PREMIER

La Mort d'un Savant.

———·ı)ꝺꝺ(ı·———

I.

Un des savants qui ont le plus honoré la science médicale française dans la première moitié du dix-neuvième siècle, c'est Guillaume Dupuytren. Né à Pierre-Buffière, dans la Haute-Vienne (1777), d'une famille pauvre, il travailla si persévéramment, si énergiquement qu'il fut nommé à vingt-six ans chirurgien en second de l'Hôtel-Dieu. Cinq ans plus tard, il était inspecteur général de l'Université. En 1815, il devient chirurgien en chef de l'Hôtel-Dieu, est nommé baron, en 1816, par Louis XVIII, qui le prend pour son premier chirurgien, et en 1820, il est membre de l'Académie des sciences. Dupuytren eut toujours pour les malades pauvres une prédilection marquée. Le trait que nous allons raconter n'est certainement pas isolé, dans une vie consacrée autant au culte de la charité qu'à celui de la science; mais il est l'un des plus significatifs et des plus touchants.

II.

Dupuytren travaillait constamment; peu de savants ont eu une existence aussi remplie que la sienne. Été comme hiver, il se levait à cinq heures. A sept heures, il était à l'Hôtel-Dieu, d'où il sortait à onze heures. Il faisait alors ses visites, puis il rentrait chez lui, et, après son repas, il recevait les malades en consultation. Bien qu'il les gardât chacun très peu de temps, ils étaient d'ordinaire si nombreux, que souvent la consultation durait encore longtemps après la nuit venue.

Un jour que la consultation s'était prolongée plus tard que de coutume, Dupuytren, épuisé de fatigue, se disposait à prendre un peu de repos, lorsqu'un dernier visiteur se présenta à la porte de son cabinet.

III.

Ce visiteur importun et inattendu était un vieillard de très petite taille. Dans ses yeux, dans sa physionomie, dans ses gestes, il y avait une timidité, une bonté, une douceur exquises. De sa main droite, il tenait une canne à bec de corbin. Son petit corps était revêtu d'un costume entièrement noir. Il salua, et, en saluant, il mit à nu une large tonsure. C'était un prêtre.

Le regard de Dupuytren s'attacha sur lui avec une expression peu encourageante.

Qu'avez-vous? lui demanda-t-il brusquement.

Monsieur le Docteur, répondit le prêtre, il y a deux ans, il m'est venu une grosseur au cou. L'officier de santé de mon village m'a dit d'abord que ce n'était pas grand'chose; mais le mal a augmenté, et, au bout de cinq mois, l'abcès s'est ouvert tout seul. J'ai gardé le lit longtemps, et cela n'allait pas mieux. Puis il a fallu me lever.

Pourquoi? interrompit Dupuytren.

Ah! Monsieur le Docteur, c'est que je suis seul pour desservir quatre villages. Mes braves paroissiens m'ont bien offert de se réunir tous les dimanches pour entendre la messe; mais je me suis dit : Il n'est pas juste que tout le monde se dérange pour toi. Alors ils ont voulu que je vienne à Paris vous consulter.

J'ai été longtemps à me décider : les voyages

coûtent beaucoup d'argent et j'ai bien des pauvres dans ma commune; mais il a fallu faire ce que ces braves gens ont voulu, j'ai pris la voiture et me voici.

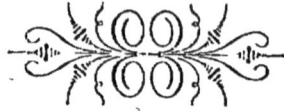

IV.

Dupuytren avait écouté avec froideur, sinon avec indifférence, le pauvre petit curé. Montrez-moi votre mal, lui dit-il, quand il eut fini.

Le voilà, Monsieur le Docteur, répondit le prêtre en présentant son cou.

L'homme de l'art l'examina longtemps. Le cou du malade présentait un trou de près d'un pouce de diamètre et très profond. La plaie était gangrenée en plusieurs endroits. Le cas était tellement grave que Dupuytren s'étonna que le malade pût se tenir debout devant lui. Il écarta les lèvres de la plaie et en scruta les environs par une pression douloureuse à faire évanouir. Le malade ne tressaillit même pas.

Quand son examen fut terminé, Dupuytren, regardant fixement le prêtre, lui dit avec un sinistre éclat de voix :

Eh bien, Monsieur l'Abbé, avec cela, il faut mourir.

V.

L'Abbé prit ses linges et enveloppa son cou sans mot dire. Son pansement achevé, il tira de sa poche une pièce de cinq francs soigneusement enveloppée dans du papier et la déposa sur la cheminée.

— Je ne suis pas riche, et mes pauvres sont bien pauvres, Monsieur le Docteur, dit-il avec un sourire timide. Pardonnez-moi, si je ne puis payer plus cher une consultation du docteur Dupuytren. Je suis heureux d'être venu vous trouver. Au moins je saurai ce qui m'attend.

Puis il ajouta :

Vous pouviez m'annoncer cela sans précaution; croyez que vous ne m'avez pas surpris. Depuis quelque temps déjà j'attends ce moment-là, et je suis prêt. Adieu, Monsieur le Docteur, je vais mourir à mon presbytère.

Et il sortit.

VI.

Dupuytren demeura pensif.

Tout à coup, s'élançant dans l'escalier que le prêtre descendait lentement :

— Monsieur l'Abbé, cria-t-il, voulez-vous remonter?

L'Abbé remonta.

— Il y a peut-être moyen de vous sauver, si vous voulez que je vous opère.

— Eh! mon Dieu! Monsieur le Docteur, dit l'abbé en se débarrassant vivement de sa canne et de son chapeau; mais je ne suis venu à Paris que pour cela. Opérez, opérez tant que vous voudrez.

— Mais, peut-être, ne réussirons-nous pas? Ce sera long et douloureux.

— Opérez, opérez, Monsieur le Docteur. J'endurerai tout ce qu'il faudra. Mes paroissiens seraient si contents...

— Eh bien, vous allez vous rendre à l'Hôtel-Dieu, salle Sainte-Agnès. Vous serez là parfaitement, et les Sœurs ne vous laisseront manquer de rien. Vous vous reposerez ce soir et demain, et après demain matin...

— C'est dit, Monsieur le Docteur; je vous remercie.

Dupuytren traça sur le papier quelques mots qu'il remit au prêtre. Celui-ci se rendit à l'hospice, et attendit le jour marqué.

VII.

Le surlendemain, les nombreux élèves qui suivaient les leçons du maître étaient à peine rassemblés, que Dupuytren arriva. Il se dirigea vers le lit du curé, et l'opération commença.

Dupuytren taillait et tranchait avec le couteau et les ciseaux. Le sang coulait à flots. Cela dura vingt-cinq minutes. Quand Dupuytren dit : C'est fini; l'Abbé leva la tête : il était extrêmement pâle.

— Je crois que tout ira bien, lui dit d'un ton affectueux le Docteur. Avez-vous beaucoup souffert?

— J'ai tâché de penser à autre chose; répondit le prêtre.

Et peu après, il s'assoupit.

Dupuytren l'examina dans un profond silence. Un air de satisfaction brilla sur son visage.

Le malade était sauvé.

Lorsqu'il fut en état de supporter le voyage, il prit congé des Sœurs et du Docteur, et il alla retrouver ses paroissiens.

VIII.

Assez longtemps après, Dupuytren faisait la visite de la salle Sainte-Agnès, à l'Hôtel-Dieu, lorsqu'il

vit venir à lui l'Abbé tenant au bras un grand panier
d'osier bien attaché, d'où s'échappaient des brins de
paille.

Monsieur le Docteur, dit le prêtre, c'est aujour-
d'hui l'anniversaire du jour où vous m'avez opéré;
je n'ai pas voulu le laisser passer sans venir vous
voir, et j'ai eu l'idée de vous apporter un petit
cadeau. J'ai mis dans mon panier deux beaux pou-
lets de mon poulailler, et des poires de mon jardin,
comme vous n'en mangez guère à Paris. Il faut que
vous me promettiez, — mais là, bien sûr, — de
goûter un peu de tout cela.

Dupuytren lui serra amicalement la main. Il
voulut engager le bon vieillard à dîner avec lui,
mais celui-ci refusa. Ses instants étaient comptés et
il lui fallait retourner au plus tôt dans sa paroisse.

IX.

Deux années encore, Dupuytren vit arriver le
petit prêtre avec son panier, ses poires et ses pou-
lets.

Peu après l'illustre praticien ressentit les pre-
mières atteintes du mal qui devait l'emporter. La
Faculté l'ayant engagé à partir pour l'Italie, il fit
ce voyage et parut s'en bien trouver. Mais cette
amélioration ne fut pas de longue durée. La mort

avançait rapidement, et Dupuytren le sentait bien. Un jour, il appelle son secrétaire et lui dit :

Ayez l'obligeance d'écrire la lettre suivante :

« *A Monsieur l'abbé X..., curé près Nemours* (Seine-et-Marne).

Mon cher Abbé,

A son tour, le Docteur a besoin de vous. Venez vite, il vous attend.

Votre ami,
DUPUYTREN. »

X.

Le petit curé s'empressa d'accourir. Dupuytren le reçut avec la plus vive joie. Il s'enferma et demeura longtemps avec lui. Nul, hormis Dieu, ne sait ce qu'ils se dirent; mais quand l'Abbé sortit de la chambre du mourant, ses yeux étaient humides et sa physionomie rayonnait doucement.

Le lendemain, Dupuytren appelait auprès de lui l'Archevêque de Paris.

Le 8 février 1835, l'illustre savant rendait son âme à Dieu.

Le jour de l'enterrement, le ciel resta couvert de sombres nuages. Une pluie continue mêlée de neige glaçait la foule qui encombrait la rue et la cour de la maison mortuaire. L'église Saint-Eustache eut peine à contenir le cortège.

Après le service religieux, les élèves de l'École de médecine portèrent à bras le cercueil jusqu'au cimetière.

A peu de distance du cercueil, un petit prêtre, un vieillard, suivait le convoi, pleurant et priant.

CHAPITRE II

XI.

De l'Innocence.

L'enfant qui a conservé l'innocence de son baptême ne tient à la terre que comme un oiseau retenu par un fil. Que ce fil se coupe, et il s'envolera au ciel, séjour de l'innocence.

On peut comparer l'âme pure à une belle perle. Tant que celle-ci reste cachée dans un coquillage, au fond de la mer, personne ne songe à l'admirer; mais si vous la montrez au soleil, cette perle brille et attire les regards. C'est ainsi que l'âme pure, cachée sur la terre aux yeux du monde, brillera un jour devant les anges et les élus au soleil de l'éternité.

Les âmes qui ont perdu la pureté rappellent la pièce de drap qu'on aurait trempée dans de l'huile :

il faut toute la puissance de la grâce pour effacer la
tache qui les dépare. Aussi est-il écrit que rien de
souillé n'entrera dans le ciel.

—◄◄◄◄◄◄◄◄◄❰❰❱❱►►►►►►►—

XII.

De l'Orgueil.

Si Jésus-Christ nous a dit : « Soyez doux et hum-
bles de cœur, » c'est parce que l'orgueil est le grand
obstacle qui nous empêche de devenir des saints.
L'orgueil, suivant la sainte Écriture, est le père de
tous les vices; à ce compte, l'humilité sera la mère,
le principe de toutes les vertus.

Une personne orgueilleuse croit que tout ce qu'elle
fait est bien fait; elle veut dominer sur tous ceux
qui ont affaire à elle; elle a toujours raison; elle
estime son sentiment meilleur que celui des autres.

Ce n'est pas l'orgueilleux qui, si on lui demande
son sentiment, le dira simplement et ensuite lais-
sera parler les autres; ce n'est pas lui qui donnera
l'exemple que donnait saint Louis de Gonzague.

Ce jeune saint, quand il était écolier et qu'on lui
reprochait quelque chose, ne cherchait jamais à
s'excuser. Si vraiment il n'avait pas tort, il se con-
tentait d'ajouter : « J'ai eu tort pourtant bien d'autres fois. »

Voilà comment il vous sied de penser et d'agir.

XIII.

Du service de Dieu.

L'Évangile nous dit : « Nul ne peut servir deux maîtres. On ne peut servir à la fois Dieu et le démon. »

Rien de plus doux et de plus agréable que le service de Dieu. Son joug est facile à porter; on court en le portant, et les consolations que Dieu accorde à ses serviteurs sont inconnus des méchants.

Rien de plus utile que le service de Dieu, soit pour le temps, soit pour l'éternité. Un moment de travail produit une récompense éternelle. Dieu promet à ses serviteurs les mêmes biens qu'il possède lui-même. Que pourrait-il nous donner de plus beau?

Rien de plus nécessaire que le service de Dieu. Nous sommes créés pour cette fin et non pour autre chose. C'est tout perdre que de ne pas servir Dieu; c'est tout gagner que de le servir avec fidélité et avec persévérance, dans l'état et la condition où la Providence nous a placés.

XIV.

Le meilleur des maîtres.

Servir Dieu, c'est le connaître, l'aimer, l'honorer, le louer, exécuter ses ordres, faire tout pour sa gloire. Il n'y a pas d'autre maître à qui nous devions rendre ces devoirs; mais à Dieu nous ne pouvons, sans injustice, refuser de les lui rendre. Il nous a créés, il nous conserve, il nous nourrit, il nous protège; nous lui appartenons à mille titres et nous n'appartenons entièrement qu'à lui.

Le démon ne ravit à Dieu les âmes que pour en faire ses esclaves. C'est un maître dur et cruel, infidèle dans ses promesses. C'est un maître ingrat, qui non seulement ne récompense jamais ses serviteurs, mais qui cause leur malheur éternel. Que peut-il, en effet, leur donner? L'enfer et pas autre chose. C'est son unique possession, son unique partage. Pas plus que les autres, Satan ne peut donner ce qu'il n'a pas.

Voulez-vous un maître souverainement bon, facile à contenter, fidèle dans ses promesses, magnifique dans ses récompenses, mettez-vous de tout cœur au service de Dieu, et vous aurez ce maître, le meilleur de tous.

XV.

Partout la tentation.

Il ne faut pas croire qu'il y ait quelque lieu sur la terre où nous puissions éviter la lutte contre le démon. Nous le trouverons partout, et partout il cherchera à nous ravir le ciel; mais partout et toujours nous pouvons être vainqueurs avec la grâce de Dieu, même quand il nous semble que tout est perdu. Si nous nous écrions : « Seigneur, sauvez-nous, nous périssons! » le secours divin nous apportera le salut et la victoire. Notre-Seigneur est là, tout à côté de nous, qui nous regarde avec complaisance, qui sourit et nous dit : « Vraiment tu m'aimes; tu ne m'invoqueras pas en vain. » En effet, c'est dans les combats contre l'enfer et dans la résistance aux tentations que nous prouvons à Dieu notre amour.

Combien de chrétiens inconnus au monde paraîtront un jour enrichis de leurs victoires de chaque instant! C'est à ces chrétiens que Dieu dira : « Serviteurs bons et fidèles, entrez dans la joie de votre Seigneur. »

XVI.

De la Tiédeur.

Si l'on marchait toujours en avant comme les bons soldats, quand viendrait la tentation on ne serait pas surpris et on la repousserait avec courage. Mais on agit avec tiédeur, on ne veut faire aucun effort pour acquérir les vertus nécessaires à un bon chrétien; on vit sans jamais penser à l'éternité. Si on y pense, on se dit : Pourvu que je me sauve, c'est tout ce qu'il me faut. A quoi bon prétendre à devenir un saint?

Prenez garde : pour n'avoir pas voulu devenir des saints, beaucoup de chrétiens sont devenus des réprouvés. Préférez la voie étroite à la voie large : l'une conduit à la vie, l'autre à la perdition.

Le démon nous amuse jusqu'au dernier moment, comme on amuse le malfaiteur en attendant que les gendarmes arrivent pour le prendre. Une fois pris, celui-ci criera, se démènera; mais on ne le lâchera pas. Ainsi en sera-t-il de ceux qui mourront dans le péché mortel; le démon les emportera dans l'enfer malgré leurs cris et leur désespoir.

CLOVIS A TOLBIAC.

2

XVII.

Du pardon des offenses.

Le bon Dieu ne pardonnera qu'à ceux qui auront pardonné : c'est la loi.

Les saints n'ont point de haine, point de fiel; ils pardonnent tout et trouvent toujours qu'ils en méritent davantage pour les offenses qu'ils ont faites au bon Dieu. Mais les mauvais chrétiens sont vindicatifs.

La haine qu'on a contre le prochain est un trait qui se retourne contre nous. On disait un jour à quelqu'un : « Mais vous ne voulez donc pas aller au ciel, puisque vous ne voulez pas voir cet homme? — Oh! si, répondit-il, mais je tâcherai d'être loin de lui, de n'avoir pas à lui parler. » Prévoyance inutile ; la porte du ciel est fermée à la haine.

Si le démon vous suggère des pensées de haine, priez aussitôt pour ceux qu'il veut vous faire haïr.

XVIII.

Quelques moyens de plaire à Dieu.

Le bon Dieu aime beaucoup les petites mortifications qui ne sont vues de personne, par exemple se lever un peu plus tôt; si on passe dans un jardin, ne pas cueillir un fruit qui ferait plaisir; en traversant une rue, ne pas regarder un objet qui pique la curiosité; quand on joue avec des camarades, leur céder volontiers et leur donner raison.

Lorsque vous allez dans la ville, figurez-vous que vous suivez Notre-Seigneur, que vous l'accompagnez dans les rues de Jérusalem; figurez-vous que vous êtes à côté de la sainte Vierge.

Quand vous sortez de chez vous, priez votre bon ange de se tenir près de vous : il comptera fidèlement les victoires que vous remportez sur vos défauts, les mortifications que vous offrez à Dieu, les bons exemples que vous donnez au prochain et les péchés que vous lui faites éviter.

XIX.

A bon arbre bon fruit.

Un bon arbre porte de bons fruits. Chacun de nous est un arbre planté de la main de Dieu dans une terre de bénédiction, cultivé avec soin par ses nombreux ouvriers : les anges, les prêtres, les parents, les maîtres. Les fruits que nous devons porter sont la sainteté, l'édification, la pénitence : la sainteté dans nos actes, l'édification du prochain par nos exemples et nos conseils ; la pénitence, pour expier nos péchés.

Comme les mauvais arbres portent de mauvais fruits, si nous voulons savoir à quel genre d'arbres nous appartenons, nous n'avons qu'à examiner notre conduite : Quels sont nos actes ? quelles sont nos pensées ? quelles sont nos œuvres ? que cherchons-nous ? que voulons-nous ?

Quant au sort qui attend les mauvais arbres, le voici : ils seront coupés d'abord, puis jetés au feu. Vous n'ignorez pas quel est ce feu ; c'est celui de l'enfer où Dieu punit les anges rebelles et ceux qui leur ressemblent.

XX.

De la Providence.

Tout ce qui arrive sur la terre n'arrive que par l'ordre ou la permission de Dieu; tout est réglé par la Providence divine.

Dieu a pourtant une providence plus particulière pour les gens de bien qu'il regarde comme ses enfants, ses amis, ses véritables adorateurs. Il les considère avec plus d'attention, il les aime avec plus de tendresse, il les protège avec plus de soin, il les conduit par des chemins plus sûrs vers leur fin surnaturelle. Efforcez-vous de mériter par vos bonnes œuvres cette prédilection de la Providence.

Tobie, parce qu'il aimait Dieu, eut l'avantage d'avoir un ange pour le conduire dans son long et difficile voyage. L'Histoire sainte nous apprend les périls que ce protecteur céleste lui fit éviter, les sages conseils qu'il lui donna. Puissiez-vous mériter les mêmes faveurs par votre bonne conduite!

CHAPITRE III

———◦❀❀◦———

XXI.

Incertitude du salut.

De tous les hommes qui sont sur la terre, combien y en aura-t-il de sauvés! Ce qui est malheureusement trop vrai, c'est qu'il y a peu d'hommes qui pensent à l'éternité; il y en a peu qui pensent à leur âme, peu qui pensent à Dieu et à ce qu'ils doivent faire pour le servir.

Si nous sommes de ceux qui pensent à ces graves sujets, nous avons lieu d'espérer que nous serons du nombre des élus; mais, au demeurant, personne ne le sait d'une façon absolument certaine.

Une telle incertitude doit nous faire prendre les moyens les plus sûrs pour arriver au ciel. C'est pour cela qu'on voit un grand nombre d'enfants quitter leur famille pour se donner à Dieu. Les uns se font prêtres pour sauver les âmes en sauvant la

leur; les autres se font religieux pour s'occuper de
l'éducation des petits enfants, à l'exemple des Frères
des écoles chrétiennes qui comptent plus de trois
cent cinquante mille élèves!

XXII.

Des Anges gardiens.

Nous devons beaucoup de reconnaissance à Dieu
qui nous a donné un ange pour nous conduire, nous
garder, nous protéger pendant toute notre vie.

Les anges gardiens nous défendent contre les
ennemis de notre salut; ils nous préservent de mille
maux, ils nous éloignent des occasions du péché,
ils nous encouragent au bien, ils nous consolent
dans les afflictions, ils nous soutiennent dans le
chemin de la sainteté, ils prient pour nous tant que
nous sommes sur la terre, ils le font même quand
nous sommes en Purgatoire, et ils n'estiment leur
mission achevée que lorsqu'ils nous ont introduits
dans le ciel.

Nous devons trois choses à nos anges gardiens :
le respect, parce qu'ils sont toujours avec nous; la
confiance, puisqu'ils nous gardent avec un zèle

admirable; la réciprocité d'affection, en retour de la tendresse dont ils nous environnent.

Pour leur payer ce triple tribut ne passons aucun jour sans les invoquer, recourons à eux, prions-les surtout toutes les fois que nous aurons à prendre une résolution sur un sujet sérieux.

XXIII.

De l'obligation du travail.

Vous devez travailler parce que l'homme est né pour travailler, comme l'oiseau pour voler. Même dans le paradis terrestre, Adam ne devait pas rester oisif, mais s'occuper à cultiver ce jardin de délices.

Vous devez travailler en qualité de chrétiens. Vous savez bien que l'Evangile nous oblige à pratiquer les bonnes œuvres, à souffrir, à vaincre nos passions, à soulager notre prochain. On ne peut faire toutes ces choses sans travailler. — Vous devez travailler parce que vous êtes pécheurs. Dieu nous a condamnés tous, après la faute de notre premier père, à manger notre pain à la sueur de notre front. Le travail est une des peines dont nous sommes redevables au péché originel.

Concluons de là que celui qui ne travaille pas est

un être inutile et dangereux : inutile, puisqu'il n'est d'aucune utilité pour ses semblables; dangereux, puisque celui qui ne fait rien est toujours prêt à mal faire.

XXIV.

Cherchez d'abord le royaume de Dieu.

J'affirme, dit un auteur, que le meilleur moyen de devenir suffisamment riche pour être heureux sur la terre, c'est d'être bon chrétien. Donnez-moi un jeune homme assez vaillant pour mettre sous les pieds les sept péchés capitaux, il marchera du même pas dans la voie du salut et dans celle d'une fortune honorable. S'il y joint la pratique des commandements de Dieu et de l'Église, je parierais que la chose ira toute seule. Je n'avance rien que je ne puisse prouver.

En effet, l'Évangile nous dit : « Cherchez premièrement le royaume de Dieu et sa justice, et le reste vous sera donné par surcroît. — Sanctifiez le dimanche... — Si vous accomplissez mes préceptes, la terre se couvrira de moissons et les arbres se chargeront de fruits, » dit la Sainte Écriture. Le peuple d'Israël était dans l'abondance tant qu'il observait la loi de Dieu; dès qu'il négligeait de rendre à Dieu ses devoirs, il retombait dans l'adversité; la prospérité ne lui revenait que lorsqu'il reprenait les pratiques de la religion.

XXV.

Travailler pour Dieu.

On travaille beaucoup, et l'on mérite peu, parce qu'on ne travaille pas saintement. Pour que votre travail serve à votre salut, offrez-le à Dieu avant que de le commencer. Ne travaillez ni par intérêt, ni par passion, ni par habitude, mais en vue de Dieu et pour lui plaire.

De cette sorte vous honorerez votre Créateur et vous vous sanctifierez vous-même.

Votre tâche remplie, remerciez Dieu de vous avoir donné le courage nécessaire pour vous y livrer. Demandez-lui pardon des fautes dont vous avez pu vous rendre coupable.

Ces bonnes dispositions attireront sur vous et sur ce que vous aurez fait les bénédictions du ciel.

XXVI.

Utilité de la correction.

Une des choses les plus pénibles pour les élèves, c'est de se voir grondés, repris publiquement par leurs maîtres, d'être obligés de subir certaines réprimandes. Or, il y a là une occasion favorable d'offrir quelque chose à Dieu en esprit de pénitence. Cela ne vous coûtera guère, mes chers amis, si vous réfléchissez que ce qu'il y a de plus utile pour un enfant, c'est d'être repris de ses défauts.

Dites-moi, si vous aviez une difformité sur le visage, regarderiez-vous comme votre ennemi le médecin habile qui, par une opération plus ou moins douloureuse, la ferait disparaître et rendrait à votre figure sa première beauté ?

Le service que vous rendent vos maîtres, en corrigeant les défauts du caractère, est bien autrement important. Puisque vous êtes reconnaissants envers le médecin qui vous guérit, soyez-le à l'égard de vos maîtres qui vous font au moins autant de bien que lui.

XXVII.

Les deux avares.

Il y a deux sortes d'avares : l'avare du ciel et l'avare de la terre. L'avare de la terre ne s'occupe que du temps de la vie présente ; il n'a jamais assez, il amasse, il amasse toujours ; mais quand le moment de la mort viendra, il n'aura rien. Ceux qui font de trop grosses provisions pour l'hiver, quand la récolte suivante arrive, ne savent plus qu'en faire. De même, à l'heure de la mort, les biens de la terre ne servent de rien ; l'homme n'en emporte aucun, il les laisse tous.

L'avare du ciel, au contraire, recherche et recueille les biens qui enrichissent son âme. Les fleurs qui composeront, comme autant de pierreries, sa couronne éternelle, sont des prières bien faites, la messe saintement entendue chaque dimanche, de bonnes confessions, des communions fréquentes, d'abondantes aumônes et toutes les œuvres inspirées par la vraie piété.

XXVIII.

Les deux secrétaires.

Nous avons toujours à côté de nous deux secré-
taires : le démon qui écrit nos mauvaises actions
pour nous accuser, et notre bon ange gardien qui
écrit les bonnes pour nous justifier au jour du jugement. Quand toutes nos actions nous seront présentées, que nous serons contents d'entendre la lecture que fera notre bon ange des prières, des confessions, des communions bien faites, des messes
bien entendues, de nos mortifications, de nos bons
exemples, de nos bons conseils, de toutes nos bonnes œuvres !

Le démon, de son côté, n'oubliera aucun des péchés graves que nous aurons voulu ne pas avouer ;
il nous les reprochera tous, et ce ne sera pas sa faute
si nous ne sommes pas perdus pour toujours.

Vous n'aurez rien à craindre de sa malice si vous
faites tout sous les yeux de Dieu, tout avec Dieu,
tout pour plaire à Dieu. Vous travaillerez, et il bénira votre travail ; vous marcherez, et il bénira vos
pas ; vous souffrirez, et il bénira vos larmes et les
rendra moins amères.

CHAPITRE IV

L'Angelus.

————✦✦✦————

XXIX.

De grand matin, le père était sorti avec son jeune fils. C'était le temps de la fenaison. Le père portait un râteau, et le fils aussi avait chargé ses épaules d'un râteau plus petit en rapport avec sa taille et son âge.

Sous les rayons du soleil levant, les herbes étincelaient de mille perles que la rosée avait déposées sur leur tige. Les oiseaux s'éveillaient et chantaient leur première chanson; et là-bas, sur la rivière, un léger brouillard s'élevait lentement vers le ciel.

Alors, un son argentin descendit des hauteurs, emplit la vallée, et alla réveiller les lointains échos. Après un instant de silence, un nouveau tintement se fit entendre, et enfin, la cloche du couvent sonna à toute volée.

Le père ôta son bonnet, fit le signe de la croix et récita l'*Angelus*. L'enfant l'imita pieusement.

— Père, dit l'enfant, quand la prière fut achevée, pourquoi dit-on l'*Angelus* le matin?

— Regarde autour de toi, enfant. Ne vois-tu pas que tout se réjouit au lever du soleil?

Vois comme les herbes et les arbres se raniment; comme les oiseaux voltigent avec entrain! Les hommes aussi doivent se réjouir; car le soleil qui chasse les ténèbres nous rappelle que notre Sauveur nous a arrachés aux ténèbres de l'idolâtrie et nous a fait connaître le seul vrai Dieu. Voilà pourquoi, dès l'aurore, nous saluons Jésus et sa sainte Mère.

— Eh bien, je veux, tous les matins, réciter l'*Angelus*.

— Tu as raison, mon enfant, et Dieu te bénira. Écoute l'histoire que je vais te raconter; tu verras ce qui advint à un pauvre malheureux pour avoir récité l'*Angelus*.

— J'écoute, cher père.

XXX.

« Un jeune homme de vingt ans nourrissait des idées d'indépendance que ses parents ne voulaient point souffrir, et menait une conduite que ses parents ne pouvaient approuver. Ils lui avaient, entre autres choses, défendu de fréquenter un jeune drôle, fainéant et méchant, dont tout le village avait à se plaindre.

« Entêté, le fils refusa d'obéir; il y eut dans la famille une scène plus vive que d'habitude. Le père menaça, la mère pleura, les frères et les sœurs intercédèrent : le fils s'obstina. Il revit son funeste compagnon, et tous deux formèrent un coupable projet.

« La nuit suivante, le malheureux fils s'empara de tout l'argent qu'il put trouver chez ses parents et quitta la maison paternelle avec la résolution de n'y plus rentrer jamais.

« Il marcha jusqu'au jour et s'arrêta sur la montagne que tu vois d'ici; c'est là que son ami devait le rejoindre.

« Il l'attendait, impatient, quand l'*Angelus* du matin vint à sonner. Il pria, comme c'était la coutume de toute la famille : et voilà qu'il s'arrête, ému et bouleversé.

« Quoi! se dit-il, j'ose encore prier, moi qui offense Dieu, moi qui couvre de déshonneur mes pauvres parents, mes frères et sœurs ? O misérable que je suis !

« Ses larmes coulèrent en abondance.

« — Non ! s'écria-t-il enfin, non, cela ne sera pas. J'irai, et je demanderai pardon à mon père et à Dieu.

« Comme il s'en retournait, il rencontra son complice.

« Va-t-en où il te plaira, lui dit-il ; pour moi, je retourne chez mon père.

« L'autre l'accabla de reproches et d'injures ; ce fut en vain. Le pauvre égaré reparut au moment où l'on pleurait sa fuite coupable. Il se jeta aux pieds de son père et lui promit de changer de conduite.

« Il tint parole ; il fut désormais un bon fils et devint un excellent père de famille. Tu l'as connu ; c'était mon père et ton grand-père. »

L'enfant, vivement impressionné, garda le silence.

XXXI.

Le père venait de travailler avec ardeur toute la matinée, et le foin, répandu et fané, séchait peu à peu, conservant son arome.

L'enfant avait fait de son mieux pour aider son père; mais à mesure que la chaleur augmentait, il multipliait ses haltes et allongeait ses temps de repos.

De plus, il sentait l'appétit lui venir.

Aussi sa joie fut-elle grande lorsque sa mère apporta dans un panier le repas de midi. Quelques instants pourtant s'écoulèrent encore, instants bien longs pour lui. Enfin, l'*Angelus* sonna et tous suspendirent leur travail.

La prière récitée, ils s'assirent sur la mousse, à l'ombre d'un grand chêne, et commencèrent à manger. L'enfant goûtait fort cette façon de dîner; il trouva, du reste, tout excellent.

— Tu ne me demandes pas, enfant, pourquoi nous disons l'*Angelus* à midi?

— Et pourquoi, père?

— Tu as éprouvé, n'est-il pas vrai, que le travail fatigue et que le poids du jour courbe la tête et les épaules. Vois ces arbres, leurs feuilles penchent vers la terre; compte les oiseaux, tu les trouveras moins nombreux et moins alertes que ce matin. Ne faut-il donc pas que nous demandions de nouvelles

forces, un nouveau courage pour achever notre
tâche et aller jusqu'au soir?

— Oui, père, il faut demander cela; je me sentais
bien fatigué.

— As-tu gardé le souvenir du père Mathieu, ma-
réchal-ferrant?

— Oh! oui, père; il me donnait de si bonnes
pommes de son jardin!

— Eh bien, voici une aventure qui lui est arrivée
dans sa jeunesse, comme il me l'a racontée lui-
même.

XXXII.

Il faisait son tour de France. Le plus souvent, il
était sans argent, car le peu qu'il gagnait, il l'en-
voyait à sa pauvre vieille mère.

Un jour, il traversait une contrée à peu près dé-
serte. Il marchait depuis le matin. Le soleil de midi
le brûlait et augmentait sa fatigue. Sa pensée se
reportait aux belles villes où il avait travaillé et aux
gens riches qui les habitaient; il se plaignait de sa
pauvreté et murmurait contre Dieu.

Voilà que, du pied, il donne contre un petit sac
qui rend un son métallique. Le ramasser, l'ouvrir,

est pour lui l'affaire d'un instant. Le sac est plein d'or; Mathieu y compte mille napoléons.

— Me voilà riche! s'écrie-t-il avec joie; ma mère et moi, nous ne manquerons plus de rien!

Sa conscience lui dit bien que cet or n'est pas à lui; mais il reste sourd.

Déjà, il forme les plus beaux plans d'avenir. En ce moment, l'*Angelus* sonne au loin, dans un village. Le son de la cloche lui rappelle soudain la parole du Sauveur : « Que sert-il à l'homme de gagner l'univers, s'il vient à perdre son âme? »

Il n'hésite pas un instant. A la ville la plus proche, il met son dépôt en mains sûres. Bientôt celui qui a perdu cette somme importante rentre dans son bien; il donne une bonne récompense au brave ouvrier qui, depuis lors, a vu toutes ses affaires prospérer.

XXXIII.

L'enfant se remit à l'œuvre avec entrain; il se reposa moins souvent : il s'habituait au travail. Pourtant, il fut content lorsque le père, l'ouvrage achevé, déclara que l'on retournait à la maison.

Ils n'étaient pas seuls à rentrer au logis; de toutes parts, faucheurs et faneurs gagnaient le chemin qui montait lentement vers le village.

La soirée était magnifique, le paysage admirable.
Au bas, la rivière serpentait, et les pêcheurs, de
leur barque, jetaient le filet. La route se déroulait,
ombragée d'une belle rangée d'arbres. Au loin,
éclairées encore par le soleil couchant, s'étageaient
les ruines d'un antique château. Dominant la montagne et le village, se dressait la belle église ogivale;
elle a survécu à l'abbaye qui l'environnait.

L'*Angelus* du soir tinta.

Aussitôt les bons paysans s'arrêtent et prient.

— Père, dit l'enfant, pourquoi dit-on encore l'*Angelus* du soir?

Le voici, mon enfant.

N'as-tu pas vu que notre foin a été travaillé, qu'il
est tout prêt à être rentré? Alors remercions Dieu
pour les bienfaits de la journée. Mais voici venir
la nuit avec ses dangers et ses tentations. Prions
donc, afin que Dieu nous préserve de tout mal
pendant les ténèbres.

XXXIV.

Après quelques instants de silence, le père ajouta:

« Mon enfant, vois-tu ce rocher caché sous les
arbres?

« Un soir d'hiver, un homme se tenait à l'affût;
il avait à la main un fusil chargé.

« Il attendait son ennemi.

« Et voilà que des pas se font entendre. L'homme armé regarde.

« C'est lui ! murmure-t-il plein de haine.

« L'autre avançait toujours; le voici à portée. Déjà la main presse la détente.

« Soudain, l'*Angelus* du soir sonne. Le meurtrier frémit à cette voix du ciel; il songe à Dieu qui le regarde; il pense au jugement que nul ne pourra éviter. L'arme lui tombe des mains. Il renonce à ses projets de vengeance. »

CHAPITRE V

XXXV.

Précaution à prendre.

Le propriétaire qui vient de faire bâtir une maison se hâte de s'assurer, en cas d'incendie. Celui qui en achète une se demande si l'on a pris cette précaution. Quel malheur si le feu venait à la détruire?

Il est à propos de vous poser aussi cette question : Suis-je assuré contre le feu de l'enfer? Si je venais à mourir subitement demain, aujourd'hui, dans une heure, serais-je prêt à paraître devant Dieu? N'aurais-je rien à craindre?

Pour vous comme pour tout le monde, il y a une assurance qui est la meilleure de toutes : c'est l'état de grâce. Qu'on a le cœur léger quand on a la grâce de Dieu! Comme on joue avec plaisir! Comme le sommeil est plus calme! Un enfant vraiment chrétien ne voudrait pas échanger pour tout l'or du monde un si heureux état. Bénissez le Seigneur, si votre conscience vous rend ce beau témoignage ; dans le cas contraire, hâtez-vous de mettre ordre à vos affaires spirituelles.

XXXVI.

Parler peu et bien.

Est-il plus avantageux de se taire ou de parler? demandait un enfant à sa mère.

Celle-ci lui répondit : Il est plus avantageux de garder le silence que de trop parler. D'abord, celui qui parle beaucoup entend rarement la voix de sa conscience et celle de Dieu. Là où il y a beaucoup de paroles, il y a beaucoup de péchés, nous dit la sainte Écriture.

Le silence, au contraire, produit naturellement la réflexion et favorise l'union de l'âme avec Dieu. Jésus, la voyant attentive, entre en elle comme il entra dans le monde, la nuit de sa naissance, à l'heure où tout était silencieux autour de la crèche.

En outre, quand on parle beaucoup, on s'expose à ennuyer ceux qui vous écoutent. L'enfant silencieux est attentif, réfléchi, ce qui le fait mieux ap-

3

précier dans les sociétés où il se trouve. N'oublie jamais, mon enfant, que

LA PAROLE EST D'ARGENT ET LE SILENCE D'OR.

XXXVII.

De la politesse envers Dieu.

Je viens aujourd'hui, chers amis, vous parler de politesse. Mais entendons-nous... ce n'est pas de la politesse envers les hommes, je le ferai dans un autre moment, mais de la politesse envers Dieu.

Vous admettez, n'est-ce pas, que si l'on doit être poli envers les hommes, le simple bon sens exige qu'on le soit, avant et par-dessus tout, envers le bon Dieu ? Il est notre premier maître, notre supérieur, notre créateur, notre roi, notre bienfaiteur, notre père... il réunit en sa divine nature tous les titres que les hommes peuvent avoir à notre déférence et à nos hommages.

Nous ne passons jamais devant une personne que nous aimons sans la saluer. Saluez-vous le bon Dieu quand vous passez devant une église ? devant une croix ? Vous ne manquez pas de souhaiter le bonjour à vos parents, et vous négligez votre prière du matin ; de même, avant d'aller prendre votre repos, vous souhaitez le bonsoir à votre père et à votre mère, et vous ne songez pas à faire votre prière. N'est-ce pas en user peu convenablement, peu poliment envers Dieu ? Si vous l'avez fait par le passé, ne le faites plus à l'avenir.

XXXVIII.

De l'état de péché.

Dans quel but le démon s'efforce-t-il d'entrer dans notre âme ? C'est pour la dévaliser, la piller, la ravager comme un voleur.

Le démon, en poussant l'âme à commettre le péché mortel, lui ravit l'état de grâce, la dépouille de tous ses mérites, lui fait perdre ses habitudes vertueuses et la soumet enfin à la plus cruelle tyrannie.

Quel changement ! Ce jeune enfant, qui naguère rayonnait d'innocence et de pureté, se trouve maintenant sous l'empire des esprits infernaux. Obsédé de tentations humiliantes, auxquelles il n'a plus la force de résister, il tombe de faute en faute, se décourage, s'abandonne à l'entraînement des passions ;

rien n'est plus capable de le retenir sur la pente qui mène à l'abîme.

Quelle victoire pour Satan ! Quelle douleur pour les bons anges !

De grâce, mon cher ami, si vous avez eu le malheur de pécher, ne restez pas plus longtemps éloigné du bon Dieu ; revenez à lui, jetez-vous dans ses bras qu'il vous ouvre avec miséricorde.

XXXIX.

De la paresse.

On vous a dit souvent la nécessité de vaincre la paresse, si funeste aux hommes.

On vous a dit que le paresseux se condamne à être toujours un ignorant, compromet son avenir, cause mille chagrins à ses parents, et perd dans une honteuse oisiveté les plus belles années de sa vie.

Ce sont là sans doute de bien tristes effets ; il y en a pourtant de plus redoutables. Les premiers ne s'appliquent qu'aux courtes années de notre pèlerinage ici-bas ; les autres s'étendent à cette vie et à l'autre.

N'est-ce pas la paresse qui engendre tous les vices ?

Ils naissent, grandissent à l'ombre de l'oisiveté ; puis tout à coup ils se produisent au dehors et préparent le malheur du paresseux pour le temps et pour l'éternité.

CHAPITRE VI

XL.

De l'ignorance religieuse.

Il y a beaucoup de chrétiens qui ne savent pas seulement pourquoi ils sont au monde.

Pourquoi, ô mon Dieu, m'avez-vous mis au monde? — Pour te sauver. — Et pourquoi voulez-vous me sauver? — Parce que je t'aime.

Qu'il est beau, qu'il est grand de connaître, d'aimer et de servir Dieu! Nous n'avons que cela à faire en ce monde. Le temps que nous employons à autre chose est du temps perdu. Il faut n'agir que pour Dieu, mettre notre travail dans ses mains. A notre réveil, disons-nous : Je veux travailler pour vous, ô mon Dieu! je me soumets à tout ce que vous voudrez de moi aujourd'hui.

Par ces dispositions, tout ce que nous ferons, tout le travail que nous accomplirons, toutes nos actions seront recueillies et gardées par notre bon ange, qui les présentera à Dieu au jour du jugement.

XLI.

Encore de l'ignorance religieuse.

L'homme doit connaître la religion, parce qu'elle est le flambeau qui l'éclaire et le conduit au ciel, sa demeure éternelle.

Qu'est-ce qui nous a fait connaître notre religion ? Ce sont les instructions que nous avons entendues à l'église, au catéchisme, à l'école. Qu'est-ce qui nous donne l'horreur du péché, nous fait apercevoir la beauté de la vertu, nous inspire le désir du ciel ? Les enseignements de la religion bien compris.

Pourquoi est-on si ignorant, si aveugle sur les affaires de l'éternité ? Parce qu'on ne se met pas en peine de s'instruire en matière religieuse. Une personne qui a négligé ce point capital est comme un malade privé de connaissance : elle ne se rend compte ni des horreurs de l'enfer, ni des beautés du ciel. Je pense souvent que le plus grand nombre de ceux qui se damnent se damnent à cause de l'ignorance coupable de laquelle ils n'ont pas voulu sortir.

XLII.

Du bon usage du temps.

On peut comparer à une pendule, que le ressort met en mouvement, le jeune chrétien entraîné vers Dieu par la puissance de la piété et soutenu, dans sa marche pénible à travers la vie, par la prière. Une heure sonne : c'est une heure retranchée de la vie! Comment l'avons-nous passée? dans le devoir? remercions-en Dieu. Dans la négligence, dans le péché peut-être? réparons l'heure mauvaise par l'heure bonne et sainte. Le temps s'écoule rapide comme l'éclair; il emporte à chaque seconde une part de notre existence; mais il est aussi l'*image mobile de l'immobile éternité.*

Sanctifions-nous donc pendant ces heures si fugitives; bien employées, elles nous mèneront à la gloire éternelle.

S'il pouvait y avoir des regrets chez les saints dans le ciel, il n'y en aurait qu'un seul : celui de ne pas avoir su profiter du temps pour augmenter leurs mérites pour l'éternité.

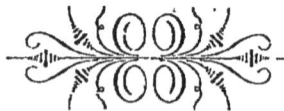

BATAILLE DE FLEURUS.

XLIII.

De l'Orgueil.

L'orgueil est un vice détesté de Dieu et des hommes. Dieu ne peut le souffrir. A peine Lucifer veut-il monter jusqu'au trône du Très-Haut, qu'il est précipité au fond de l'enfer. Adam et Ève, dans le paradis terrestre, veulent devenir semblables au Seigneur en mangeant le fruit défendu : aussitôt les voilà pécheurs, ignorants et misérables.

Ce vice n'est pas moins détesté des hommes, parce que l'orgueilleux met le trouble partout où il se trouve. Il ne faut qu'un enfant orgueilleux, dans une classe, pour y porter le mauvais esprit et le désordre. De même dans une famille, si par malheur l'un de ses membres est possédé de ce vice, la division, la haine, l'animosité ne tardent pas à s'y manifester. Il n'y a ni confiance, ni amitié sincère, ni paix, ni concorde parmi les orgueilleux. Ils ne peuvent souffrir personne et personne ne peut les souffrir; ils ne veulent céder à personne et personne ne leur cède. Peut-on être heureux à ce prix !

XLIV.

Les mauvais livres et les mauvais journaux.

Le démon n'a rien inventé de plus efficace pour corrompre les mœurs et faire perdre la foi que les mauvais livres et les mauvais journaux. Si la religion n'était pas divine, ils l'auraient déjà détruite.

On appelle mauvais livres et mauvais journaux ceux qui parlent mal de Dieu, des prêtres, du Souverain Pontife, des Évêques, des religieux, des cérémonies de l'Eglise, de l'Eglise elle-même ; ceux qui inspirent l'amour des fêtes mondaines, des théâtres, des comédies, des plaisirs défendus.

Ceux qui écrivent ces livres et ces journaux sont les ouvriers du démon : ils travaillent en somme à perdre les âmes, à détruire le bien accompli par Notre-Seigneur Jésus-Christ, à remplir l'enfer et à dépeupler le ciel.

Ceux qui achètent, qui vendent et qui propagent ces mauvais écrits, participent à cette œuvre diabolique.

Le devoir des chrétiens est de détruire tous les écrits de ce genre qui leur tomberont sous la main. Qu'ils n'hésitent pas à le faire, et Dieu les bénira.

XLV.

Les deux chemins.

Deux chemins s'ouvriront devant vous, mon cher ami, lorsque vous aborderez la vie sérieuse dont vous faites l'apprentissage sur les bancs de l'école.

L'un de ces chemins est rude et inégal : c'est celui qui conduit au ciel, et dont Notre-Seigneur a dit qu'il est étroit et que peu de personnes le trouvent.

L'autre est facile, commode, agréable, mais il conduit à l'enfer : c'est la voie large, a dit encore Notre-Seigneur, et beaucoup de personnes la suivent.

Qui sont ceux qui prennent le chemin du ciel? Ceux qui observent les commandements de Dieu et de l'Église, qui pratiquent la religion avec fidélité et amour, ceux qui trouvent du plaisir dans les cérémonies de l'Église.

Ceux qui recherchent les plaisirs et les fêtes du monde, qui s'ennuient pendant les exercices de piété, qui ne prient jamais, qui s'abandonnent aux péchés capitaux, sont en grand danger de n'aboutir qu'à l'enfer.

CHAPITRE VII

——•+:§§:+•——

XLVI.

Une édifiante première communion.

C'était en 1870, au début du triste et fameux siège de Paris.

Un enfant pâle et timide, mais d'un visage doux et modeste, fut présenté à M. l'abbé Delmas pour être inscrit sur le registre de la première communion. L'honnête ouvrier qui le conduisait se contenta de dire :

« Voici, Monsieur l'Abbé, un brave garçon; sa bonne mère m'a prié de vous l'emmener. Il se nomme Jean-Baptiste. »

Hélas! le pauvre Jean-Baptiste n'était venu qu'en cachette. Son père, ouvrier libre-penseur, ne voulait à aucun prix de la religion pour son fils. De prime abord, M. Delmas se sentit ému en présence de cet enfant, et il lui demanda avec intérêt :

« Avez-vous suivi, mon ami, le cours du petit catéchisme?

— Non, Monsieur, je n'y suis jamais allé.

— Et pourquoi cela, mon cher enfant?

— Papa ne le veut pas! » Et le pauvre petit pencha la tête; sa pâle figure exprimait une tristesse profonde.

« Mais vous, Jean-Baptiste, vous le voulez bien, n'est-ce pas?

L'enfant releva la tête, et il répondit avec un beau sourire :

« Oh! oui, je le veux bien!

— Mais où donc allez-vous en classe?

— A l'école protestante, Monsieur l'Abbé.

— Où demeurez-vous?

— Tout à côté de l'école des Frères.

— Et pourquoi allez-vous courir à l'extrémité du quartier, quand vous êtes si près de l'école?

— Papa ne veut pas que j'aille chez les Frères. »

XLVII.

Quelles réponses attristantes ! Jean - Baptiste
assista à son premier catéchisme avec une admirable attention ; il fit ses prières avec la modestie et
la ferveur d'un ange ; puis, au moment de partir, le
Directeur lui dit :

« Vous reviendrez, n'est-ce pas? »

L'enfant promit, mais il ne revint pas. Son père
ayant appris sa première venue au catéchisme,
l'avait rudement frappé, et, vrai geôlier, il le gardait
à vue.

Cependant la mère de Jean-Baptiste, excellente
et pieuse femme, avait en secret enseigné à son fils
tout le catéchisme, et ce dernier était assez instruit
sur la religion pour déjouer toutes les manœuvres
de la secte protestante. Seulement, à cette heure, la
pauvre femme craignait que son fils ne pût faire sa
première communion, et son cœur maternel et chrétien se désolait.

Le dévouement de M. Delmas devait lui venir en
aide. Il fut convenu entre lui et cette digne mère
que Jean-Baptiste se confesserait au logis pendant
l'absence du père. Ainsi fut-il fait.

« Au jour et à l'heure fixés, raconte M. Delmas,
je me rendis à la maison. Jean-Baptiste m'y attendait ; je l'embrassai non sans émotion ; lui, pleurait
de joie.

« Que vous êtes bon, dit-il, et que je suis heureux de pouvoir me préparer à ma première communion ! »

« Nous passâmes dans une chambre étroite. Jean-Baptiste se confessa avec une ferveur tout angélique, et, pendant une heure, il m'édifia par la vivacité de sa foi et la tendresse de sa piété. Quand je me levai pour me retirer, il prit cette main qui l'avait béni, la baisa respectueusement, et, comme il pressentait quelque accident, il ajouta :

« — Promettez-moi, mon Père, quoi qu'il arrive, de ne pas me laisser mourir sans avoir reçu la sainte Eucharistie. »

XLVIII.

« Je ne compris pas tout d'abord la portée de cette parole. Il est vrai, les traits de l'enfant étaient fatigués ; sa douce voix était bien faible, et tout dénotait la souffrance intérieure qu'un genre de vie si sombre et si contraint lui faisait endurer. Rien pourtant ne présageait une fin prochaine. Je m'engageai à tout ce qu'il voulut.

« Deux jours après, je vis dès le matin la mère de Jean-Baptiste à l'église. Elle était plus affligée que

jamais. Le père s'était violemment emporté contre
le généreux enfant, qui depuis cette épreuve tenant
le lit, était dévoré par la fièvre.

« Comment et par qui cet homme avait-il été
informé de notre séance au logis? Avait-il donc
organisé un service d'espionnage? Cette supposition
me parut vraisemblable quand la bonne mère eut
ajouté que, depuis ce jour, un des élèves de l'école
protestante était établi à demeure dans la maison
même. Ainsi, ce jeune et vaillant chrétien était
comme prisonnier et gardé à vue par un geôlier!

XLIX.

« — Et maintenant, dis-je à la mère, comment
parvenir à notre but : la première communion?

« — Je ne vois qu'un moyen, Monsieur l'Abbé. Il
y a, au premier étage de notre maison, une dame
chrétienne qui aime beaucoup Jean-Baptiste. Encore ce matin même, elle lui avait préparé un peu
de chocolat, que j'ai dû refuser à cause du petit
espion. Si vous le jugez bon, vous pourriez, à un
moment donné, rencontrer mon pauvre enfant chez
cette dame.

« — Mais combien de fois Jean-Baptiste descen-
drait-il là sans danger?

« — Il ne faudrait pas trop compter sur un second rendez-vous. Le plus sûr serait de terminer dans une séance, d'autant plus que mon pauvre petit n'est pas bien fort, et ces émotions le tuent. » Et en disant ces mots la pauvre mère pleurait.

« — Comptez sur moi, repris-je, au premier signal j'accourrai et Jean-Baptiste fera sa première communion; il en est digne. »

« En même temps, je remis à cette sainte femme un chapelet bénit pour son fils. Jean-Baptiste apprit bientôt notre décision. À cet espoir son cœur s'épanouit, son visage reprit une douce gaieté, sa santé même se raffermit. La mère aussi reprenait espérance, quand un nouvel orage vint tout compromettre.

« Un soir, le père de Jean-Baptiste, rentrant du cabaret, se jette avec fureur sur le lit où son fils dormait. Il découvre ses mains, arrache le chapelet que ce cher ange avait soin de bien cacher, et, le foulant aux pieds avec rage, il le met en morceaux. Réveillé en sursaut, Jean-Baptiste poussa un grand soupir, puis il se tut. Sa mère était accourue pour le protéger. Elle entendit qu'il murmurait tout bas:

« — Mon doux Jésus! Tout pour votre amour;

oui, tout pour votre amour, puisque vous voulez
vous donner tout à moi! »

Après une pareille secousse, le faible corps de
l'enfant était brisé. La fièvre le reprit plus ardente,
et le lendemain il eut à peine assez de force pour se
lever. Sa mère n'hésita plus : elle vint me prévenir.
Pauvre mère! en présence de cette persécution, son
courage me rappelait la mère des Machabées!

« Je me rendis au saint autel. Là, prosterné devant le Dieu incarné, j'adorai ses jugements insondables. Je pris ensuite une hostie consacrée, la
déposai dans une petite custode, et, sans aucun
apparat, je traversai les rues de la grande cité.

« Pareille aux femmes de l'Eglise primitive qui
abritaient sous leur toit les fidèles persécutés, la
dame du premier étage avait transformé sa modeste
chambre en une splendide chapelle pour notre petit
persécuté. D'une simple commode elle avait fait un
autel magnifique. Deux candélabres à trois bran-
ches étaient allumés; au milieu resplendissait un
beau Christ de cuivre doré; tout autour quelques
fleurs décoraient cet autel. »

L.

A l'arrivée du prêtre, Jean-Baptiste était là, mains jointes, à genoux. Il priait avec la ferveur d'un séraphin. Quand le Dieu caché entra dans ce sanctuaire, le pauvre malade s'inclina profondément. Ses yeux étaient inondés de pleurs et ses larmes mouillaient ses mains religieusement croisées.

Un instant après, en présence de la noble dame et de la pieuse mère, seuls témoins de cette scène sublime, M. l'Abbé disait à l'enfant : « *Corpus Domini Jesu Christi custodiat animam tuam in vitam æternam!* Que le corps de Jésus, Notre-Seigneur, garde ton âme pour la vie éternelle! » Et il déposait sur ses lèvres le Dieu des souffrants et des petits.

Jean-Baptiste avait fait sa première communion. Un pieux silence régnait autour de lui. Les larmes de la reconnaissance et de bonheur ne cessaient de couler sur le pâle visage du malade; sa mère pleurait aussi, le prêtre était ému jusqu'au plus intime de son âme.

Après quelques instants de muette adoration, Jean-Baptiste récita une fervente et courte prière pour son père, pour sa mère, pour ses amis. « Alors, poursuit M. Delmas, j'embrassai mon cher enfant une fois encore, et je me retirai l'âme inondée d'une joie sans égale, comme si j'avais entrevu un bel ange priant dans un coin du paradis. »

Le paradis! C'était bien là que l'attendaient Jésus et Marie. Huit jours après sa première communion, le saint enfant s'éteignait doucement. Son âme disait adieu à la terre d'exil et s'envolait, pure et radieuse dans le séjour de la gloire et dans la patrie des saints.

CHAPITRE VIII

—••┥ﬂ┝••—

LI.

De la Prière.

Quand nous prions, nous sommes comme des mendiants à la porte du ciel; nous demandons à Dieu ce dont nous avons besoin, soit pour le temps, soit pour l'éternité.

Nous sommes encore, si vous voulez, des criminels devant notre juge. Il semble donc que le respect, l'attention, la ferveur, la crainte même devraient accompagner nos prières; et cependant nos prières ne sont le plus souvent qu'une irrévérence continuelle. Si vous parliez à votre père comme vous le faites à Dieu dans votre prière, pensez-vous qu'il fût disposé à vous accorder ce que vous lui demanderiez? Votre mère ferait-elle l'aumône à un pauvre qui s'exprimerait avec la légèreté qui caractérise votre prière? Votre père se

trouverait offensé par votre manière de demander,
et votre mère par celle de ce pauvre. Comment Dieu
pourrait-il être content de vous et vous accorder les
choses que vous sollicitez?

LII.

Du même sujet.

Oui, c'est surtout dans la prière que les enfants
se rendent coupables d'irrévence envers Dieu. On
serait certainement porté à croire qu'un grand
nombre de ces chrétiens n'ont pas la foi, si l'on en
jugeait par la précipitation déplacée avec laquelle
ils récitent leur prière, et par l'air dissipé et en-
nuyé de leurs petites têtes, attentives à tout excepté
à ce qu'ils disent.

Voyez, chers amis, si vous n'avez pas quelque
reproche à vous faire sur ce sujet; il ne faudra pas
un long examen pour vous en convaincre. Si vous
n'êtes pas sans reproche de ce côté-là, prenez des
moyens efficaces pour mieux faire à l'avenir. Soyez
aussi prévenants envers le bon Dieu, que vous l'êtes
envers les hommes; parlez-lui, au moins, avec le
même respect.

S'il nous était donné de voir comment prient les

anges, nous serions confus et humiliés de la manière dont nous parlons à Dieu.

LIII.

Encore de la Prière.

La prière élève le cœur. Elle est un avant-goût du ciel, une émanation du paradis qui nous pénètre toujours d'une grande douceur. C'est un miel qui descend dans l'âme et adoucit toutes ses peines.

Les peines se fondent sous l'influence d'une prière bien faite, comme la neige sous les rayons du soleil.

Le trésor d'un chrétien n'est pas sur la terre, il est dans le ciel. Eh bien, notre pensée doit aller où est notre trésor. Prier et aimer Dieu : voilà le bonheur de l'homme ici-bas.

La prière n'est autre chose qu'un mouvement de l'âme vers Dieu. Il en résulte une émotion qui enivre, une lumière qui éblouit. L'union que la prière établit entre Dieu et l'âme est une chose bien belle. C'est un bonheur que celui-là seul peut comprendre qui en a fait l'expérience. Hâtez-vous de la faire à votre tour, si vous avez attendu jusqu'à présent.

4

LIV.

De ceux qui ne prient pas.

Les âmes qui ne prient pas ressemblent aux animaux qui creusent leur tanière dans la terre. Elles sont encore comme ces oiseaux pesants qui ne peuvent s'élever dans les airs ; s'ils volent un peu, ils retombent bientôt.

Le chrétien qui prie, au contraire, s'élève vers Dieu sur les ailes de la foi, comme l'aigle vers le soleil.

Comme les heures paraissent courtes lorsqu'on prie avec ferveur ! Plus on prie, plus on veut prier. On a vu des saints faire de la prière leur élément, et souffrir quand ils ne pouvaient prier. Ainsi en est-il quand on aime vraiment le bon Dieu.

LV.

Le jardin et sa haie.

On entoure les jardins d'une haie pour les protéger contre la rapacité des maraudeurs. Votre âme, véritable jardin où vous devez cultiver les vertus, ne peut-elle pas elle aussi avoir sa haie qui la protège? Ce seront, si vous le voulez bien, les commandements de Dieu et de l'Eglise, les conseils de vos bons parents et votre règlement de vie.

Tant que la haie du jardin est bien entretenue, le jardin est en sûreté; si on y fait une brèche, le jardin sera bientôt ravagé.

De même pour votre âme. Si vous laissez le démon y pratiquer une brèche, il y pénétrera tout à son aise, en prendra possession et y exercera d'affreux ravages! C'est ce qui arrive à beaucoup d'enfants; ils ne voient le danger que quand il est trop tard. Qu'il n'en soit pas ainsi de vous : veillez bien sur votre âme, que Jésus y règne toujours par sa grâce; il fera de la sorte votre consolation et votre bonheur.

LVI.

De la fidélité à ses devoirs.

Quels sont les moyens de protéger votre âme contre les attaques et les surprises du démon?

. C'est la fidélité aux exercices de piété, à la confession et à la communion fréquentes, aux prières du matin et du soir, à la récitation du chapelet, aux instructions, aux bénédictions du Saint-Sacrement, en un mot à tout ce qui purifie l'âme et la sanctifie.

C'est l'éloignement des occasions mauvaises, comme lectures, compagnies, divertissements capables de porter au péché.

Aussi longtemps que vous serez fidèles à ces pratiques, le démon ne pourra rien contre votre âme. Si par surprise il vient à y faire irruption, il vous sera facile de le chasser par une bonne confession. Elle réparera le dommage aussitôt qu'il aura été commis. C'est un moyen aussi sûr que facile d'être toujours l'ami de Dieu.

CHAPITRE IX

—>⋅◻⋅<—

LVII.

La monnaie du Paradis.

Le bon Dieu nous a mis sur la terre pour y séjourner quelque temps, mais personne n'y doit rester.

Au surplus, tout passe ici-bas, et nous passons aussi. Où allons-nous? vers l'éternité. Qui nous y attend? Dieu avec le Paradis, si nous l'ayons mérité.

Quand un roi ou un empereur vont visiter un souverain, ils envoient devant eux les trésors dont ils comptent user chez leur hôte. De même, un bon chrétien envoie ses trésors, je veux dire ses bonnes œuvres, au ciel où il les retrouvera. Ce sera la monnaie qui lui servira pour le payer Paradis.

Si vous mouriez aujourd'hui, auriez-vous assez de cette monnaie pour acheter le ciel? Quelles sont

les bonnes œuvres que vous avez faites? Quelles
sont celles que vous voulez faire dans l'avenir?

—⚬⚬⚬⚬⚭⚬⚬⚬⚬—

LVIII.

Où se trouve le bonheur.

Un bon chrétien fait fort peu de cas des biens de
la terre; il ne pense qu'à embellir son âme, qu'à
amasser des biens capables de le contenter toujours,
et qui doivent toujours durer.

Voyez les rois, les empereurs, les grands de la
terre; ils sont bien riches. Sont-ils contents? S'ils
aiment le bon Dieu, oui; autrement, non, ils ne
sont pas contents. A mon avis, personne n'est plus
à plaindre que les riches, quand ils n'aiment pas le
bon Dieu.

Allez de pays en pays, de royaume en royaume;
ajoutez les richesses aux richesses, les plaisirs aux
plaisirs, vous ne trouverez pas le bonheur. La terre
entière ne peut pas plus rassasier une âme immor-
telle, qu'une poignée de fruits ne peut rassasier un
éléphant.

Pour trouver le bonheur, il faut le chercher en
Dieu, qui seul peut le donner et qui le donne aux
âmes pures et ferventes. C'est pour cela que les

hommes qui vivent dans le péché, par suite loin de Dieu, ne sauraient rencontrer ce bonheur qu'ils cherchent toujours.

LIX.

De la reconnaissance envers Dieu.

Merci! voilà un mot que la politesse met bien souvent sur nos lèvres dans nos rapports journaliers. Qui nous donne plus que Dieu? Ses bienfaits sont incalculables; notre vie devrait être un Merci continuel à Dieu. Avec nos semblables, la moindre irrévérence, le moindre dérangement fait sortir de nos lèvres l'humble parole de *Pardon!* Tout à l'heure, par exemple, notre pied a fait jaillir un peu de boue sur le vêtement de quelqu'un, et nous avons dit aussitôt : Pardon, monsieur. Ah! que de boue font jaillir nos péchés sur le bon Dieu, et notre cœur n'a pas un mouvement de repentir! Savez-vous quels sont nos actes les plus négligés? Ce sont nos exercices de piété, nos prières, l'assistance à la sainte messe et aux offices. Disons-nous à Dieu, nous aussi : Pardon, mon Dieu, — pour notre manque de respect et d'attention?

LX.

A Dieu notre préférence.

Dieu étant présent partout, c'est à lui que nous devons tout d'abord rendre nos devoirs. A lui donc, dès notre réveil, la première pensée de notre esprit; à lui le premier battement de cœur. Il est là, près de nous, à l'instant où nos yeux s'ouvrent de nouveau à la lumière; l'on dirait d'un père attendant le premier baiser d'un fils qu'il a quitté depuis longtemps.

Il y a deux raisons pour nous faire donner, au réveil, notre cœur à Dieu : une raison d'affection et une raison de convenance.

Charlemagne ayant mandé jusqu'à trois fois un évêque qui était en prière près de lui, en reçut cette réponse : « Je sais tout ce que je dois à Votre Majesté, mais j'ai cru que vous ne trouveriez pas mauvais que Dieu eût la préférence. »

Loin de s'irriter, l'empereur le félicita. C'est ainsi que pensent tous les hommes de bien. Nous devons nous aussi en toute occasion, comme cet évêque, donner à Dieu la préférence sur toute créature.

LXI.

Aux jeunes élèves.

Vous voilà sortis de la première enfance ; vous devez chaque jour croître, comme l'Enfant Jésus, en sagesse, en science et en âge ; vous devez chaque jour devenir plus pieux, plus obéissants, plus studieux. Tous les matins, vous dites sans y penser peut-être : Mon Dieu, je vous aime de tout mon cœur ! Le moment est venu de lui montrer que cette parole est bien l'expression de vos sentiments. Mettez-vous courageusement à l'œuvre, luttez contre votre caractère et vos défauts. Alors, il sera vrai de dire que vous aimez Dieu et que votre cœur est bien à lui.

LXII.

Des récréations.

L'enfant qui s'amuse beaucoup et bien, pendant les récréations, compte certainement parmi les meilleurs élèves,

Quelles sont les conditions pour s'amuser convenablement?

1° Montrez-vous aimable à l'égard de vos camarades ; faites volontiers ce qui leur plaît davantage ; soyez toujours poli.

2° Un élève se fâche, un autre triche ; celui-ci vous adresse une mauvaise parole, celui-là vous agace par ses espiègleries : ne vous emportez pas, n'engagez de dispute avec personne. C'est par ce moyen, plus sûrement que par tout autre, que vous mettrez votre monde à la raison.

3° Interdisez-vous absolument les bouffonneries, les gestes inconvenants, les jeux de mains, les jeux grossiers, les mauvaises paroles ; ne donnez jamais de surnoms à vos camarades.

Si vous observez ces avis, vous n'aurez que des amis parmi vos camarades, et vous serez tout ensemble agréable et édifiant pour tout le monde.

CHAPITRE X

Jean le Maudit.

———>•⊳◻⊲•<———

LXIII.

Il y a longtemps, vivait dans le village de N...,
un brave homme qui, par son travail, avait gagné
de quoi acheter une petite maison et quelques ares
de terres qu'il cultivait lui-même. Il était veuf et
n'avait qu'un fils tout jeune qu'on nommait Jean.

Plein d'intelligence, malin comme un singe, Jean
faisait des tours à tout le monde. Il était le plus
paresseux de l'école, et cependant il en savait plus
que tous les autres. Cette facilité, les éloges de
quelques gens de la ville, tournèrent la tête du pauvre père, et il lui vint la fâcheuse idée de faire un
savant de son fils. A Dieu ne plaise que nous mépri-
sions la science! ce doit être une belle et bonne
chose; mais il nous semble que chaque état a son

mérite, et que le meilleur fermier dans son canton peut être aussi fier que le professeur le plus savant dans une ville. Le père de Jean vendit sa maison, son bien, et réalisa une somme avec laquelle il envoya son fils étudier à Paris.

LXIV.

Tout cela se passait à l'époque où commençaient à fermenter dans les têtes les idées qui amenèrent la grande Révolution. Jean fit, dit-on, de rapides progrès; mais, en même temps, il embrassa avec ardeur les nouvelles idées, et, quand éclata la terrible catastrophe de 1793, il se jeta à corps perdu dans les extravagances et dans les crimes de ce temps-là.

Pendant le régime de la Terreur, il revint dans son village pour le régénérer, disait-il. Jugez de l'effroi que répandit dans une population paisible la présence d'un homme qui affichait les principes les plus étranges. S'adressant sans cesse aux jeunes gens, il cherchait à les entraîner, tournait en ridicule les anciens usages, se moquait des choses les plus saintes, et se répandait chaque jour en injures contre le curé qui était depuis si longtemps aimé et respecté dans tout le pays.

Non content de semer ainsi ses funestes idées, Jean voulut joindre l'exemple au précepte, et il décida qu'il fallait abattre les croix que les fidèles avaient élevées, pour appeler la protection de Dieu sur leurs champs. Personne ne voulant l'aider dans ce sacrilège travail, il l'entreprit seul. La hache à la main, il détruisit ces pieux monuments, et, par dérision, se fit construire avec les débris, au milieu des champs, une maison qu'il s'était fait adjuger comme propriété nationale.

LXV.

Chacun haïssait le coupable auteur de tant de méfaits; mais celui qui le déplorait le plus amèrement, c'était son malheureux père, qui voyait enfin quel tourment il s'était préparé. Le chagrin et la honte l'accablèrent, sa santé s'altéra; bientôt il fut aux portes du tombeau. Sentant sa fin approcher, ce pauvre père voulut obtenir le pardon de tous les scandales dont il s'accusait d'être la première cause. Il demanda à voir le vertueux curé qui avait été obligé de se cacher depuis l'arrivée de Jean. Quoiqu'il n'ignorât pas à quel danger il s'exposait, le bon pasteur n'hésita pas, lorsqu'il apprit dans sa retraite qu'un mourant réclamait son secours. Mais Jean,

qui l'attendait au seuil de la porte, osa porter la
main sur ce vieillard, et, l'entraînant jusqu'à la
ville, il le livra aux autorités en le dénonçant
comme prêtre réfractaire.

En apprenant par quel crime affreux Jean l'avait
privé des dernières consolations que l'homme puisse
espérer sur la terre, son père le maudit, et expira.

LXVI.

Jean était retourné à Paris. Je ne pourrais vous
dire ce qu'il y fit. Heureusement pour le pays, il
fut assez longtemps sans reparaître.

Quand pourtant le calme fut rétabli, quand l'indi-
gnation publique poursuivit les auteurs et les com-
plices de tous les maux et de tous les crimes qui
avaient désolé la France, Jean crut qu'il se sous-
trairait aisément au danger qui le menaçait en
venant enfouir sa triste célébrité dans le petit village où il était né et où il espérait vivre obscur et
ignoré.

Mais si l'on peut se dérober aux yeux des hommes, si l'on peut trouver l'impunité en les fuyant,
il est une vengeance qu'on n'évite nulle part, ni
dans ce monde ni dans l'autre. Si Jean ne trouva
pas les haines dangereuses qui l'obligeaient à quit-

ter Paris, il s'aperçut bientôt qu'il inspirait l'horreur et le mépris. Chacun le fuyait, on évitait sa rencontre comme un présage de malheur, on l'accusait de tous les accidents qui survenaient. Quel que fût le prix qu'il offrait, il ne pouvait trouver de gens pour le servir, ni d'ouvriers pour travailler à ses champs.

LXVII.

Il résulta de cet abandon général que ses biens perdirent promptement leur valeur. Ses bestiaux dépérirent faute de soins. La grêle ravagea plusieurs fois ses récoltes. Enfin, un jour le tonnerre tomba sur sa maison construite avec les pierres enlevées aux croix, et la renversa de fond en comble.

Mais un malheur plus grand devait encore frapper Jean le Maudit. Sa raison s'égara, et sa triste folie trahit aux yeux de tous les remords qui déchiraient son cœur et qu'il avait dissimulés jusque-là. Depuis ce moment, chaque soir, à onze heures, quelque temps qu'il fît, le malheureux sortait de la maison où il restait caché tout le jour; il allait droit au cimetière et s'agenouillait sur la tombe de son père; puis, après avoir embrassé la croix réédifiée au milieu du champ du repos, il recommençait son pèlerinage, se prosternant à tous les endroits où étaient placées les croix qu'il avait brisées autrefois, se roulant à terre et demandant pardon à Dieu, au milieu de ses larmes et de ses sanglots.

Tout à la fois objet d'horreur et de pitié, Jean le Maudit, qu'on voulait d'abord chasser du village, y resta comme une leçon vivante pour les enfants et pour tous comme un exemple terrible de la vengeance de Dieu.

CHAPITRE XI

―⊷✦⊶―

LXVIII.

Du choix d'un état de vie.

Entre la grâce du baptême et la grâce d'une bonne mort, c'est la grâce de la vocation qui détermine et résume presque toutes les autres. D'où l'on peut induire que le moment qui prépare votre éternité est celui où vous vous prononcez sur le choix d'un état de vie. C'est ainsi que le succès d'un voyage dépend de la route qu'on a suivie, autant que du dernier pas qu'on a fait.

Il est bon, lorsqu'on étudie sa vocation, de s'adresser quelques-unes des questions suivantes :

Que voudrais-je avoir fait à l'heure de la mort et du jugement particulier ?

Quel conseil me donnerait présentement la sainte Vierge ou mon bon ange ?

Quel parti indiquerais-je à un ami qui me consulterait?

A quoi se déterminerait un saint à ma place?

Priez bien, et Dieu vous inspirera la vraie réponse. A vous de suivre cette inspiration si vous voulez être sauvé,

<hr />

LXIX.

Le Temps et l'Éternité.

On se donne tant de mouvement pour gagner la vie du corps, qui un jour doit mourir, et pour la vie de l'âme, qui ne prendra jamais de fin, on y pense à peine! Est-ce raisonnable?

Si nous recherchons les plaisirs d'ici-bas, nous devons nous attendre aux peines de l'autre vie. On ne peut être heureux en ce monde et en l'autre qu'à la condition d'être en grâce avec Dieu. Le temps ne vous est donné que pour préparer votre éternité.

Encore quelques jours, quelques années, et de tous vos plaisirs, de toutes vos fêtes, de toutes les affaires de ce monde il ne restera plus rien. Vous serez dans votre éternité. Dans quelle éternité? Voilà la question qui doit vous préoccuper toujours.

Il n'y a que le ciel pour les bons et l'enfer pour les méchants. C'est l'un ou l'autre qui sera votre partage.

LXX.

De la santé de l'âme.

La santé de l'âme n'est pas plus assurée que celle du corps; on peut perdre l'une et l'autre au moment où on s'y attend le moins. Quelque étranger qu'on paraisse aux passions, il arrive aussi souvent d'être entraîné par elles que de tomber malade quand on se porte bien.

Vous savez qu'il n'est pas facile de retrouver la santé, quand on l'a perdue. De même, l'âme qui vit dans le péché mortel ne reprend que péniblement ses bonnes habitudes. Pourquoi la jeunesse mondaine vit-elle loin de Dieu? C'est qu'elle vit dans le péché mortel; elle ne se plaît que dans les fêtes du siècle, et elle cherche à s'étourdir pour étouffer ses remords.

LXXI.

De la Mémoire.

Ne confiez à votre mémoire que des choses bonnes et pures ; elle vous les rappellera bien souvent dans le cours de la vie.

Votre mémoire est comme la pharmacie de l'âme ; il faut que celle-ci y trouve des pensées et des souvenirs qui la fortifient dans ses moments d'épreuves. Vos livres sont des amis qui déposent une recette dans un casier de votre mémoire, pour guérir les maladies morales qui vous surviendront dans le cours de la vie.

La mémoire sera votre compagne fidèle aux heures sérieuses ; elle vous redira les sages leçons d'une mère, les précieux conseils des maîtres qui forment votre cœur et votre intelligence. Ménagez-la, cultivez-la, écoutez-la : vous trouverez en ces trois choses agrément, consolation et profit.

LXXII.

De la Vanité.

La vanité est une maladie par laquelle les hommes se séduisent eux-mêmes; ils croient être quelque chose, tandis qu'ils ne sont rien.

Pourquoi telle personne se charge-t-elle de parures? C'est qu'elle veut qu'on lui attribue une dignité, des mérites qu'elle n'a pas. Règle générale, il faut se méfier des gens qui, pour se faire admirer, usent de parures au-dessus de leur position. Cette recherche extérieure trahit la pauvreté qui règne au-dedans. Voyez passer ce jeune étourdi; remarquez son maintien, sa position, sa mise, ses allures : tout chez lui annonce une tête vide de bon sens, un esprit léger, un cœur gonflé de vanité; ses prétentions ne sont égalées que par son ineptie. Ainsi, dans un champ de blé, l'épi qui lève la tête est celui qui ne porte pas de fruit.

LXXIII.

De la Souffrance.

Mes cheveux grisonnent, j'ai vu déjà beaucoup de
choses sur la route de la vie; plus j'avance, plus je
vois que toute âme souffre et plus je sens que, par
je ne sais quel mystère, il lui est bon de souffrir.
La souffrance empêche les hommes de s'aveugler et
de s'endormir tout à fait. Elle attendrit leurs cœurs,
elle les maintient doux et bons, elle les prêche
quand plus personne n'ose le faire.

La souffrance nous rapproche de Dieu. Entendez
ce malade sur son lit de douleur s'écrier aux plus
fort de ses maux ; Mon Dieu, ayez pitié de moi!
Quand vous vous êtes trouvés dans un danger im-
prévu, quel cri est sorti de votre poitrine : *Mon
Dieu!* Et en même temps vos bras et vos mains
s'élevaient vers le ciel, comme pour confesser que,
seul, Dieu pouvait vous secourir. Sanctifiez donc
vos souffrances, en les supportant avec patience et
en les unissant à celles de Notre-Seigneur Jésus-
Christ.

CHAPITRE XII

Le Voyage de l'anachorète.

—·+‡)€-‡·+—

LXXIV.

La justice de Dieu, toujours infaillible, opère en dehors de nos visées, et les hommes qui n'ont point la foi robuste succombent à la tentation d'accuser Dieu quand le mal triomphe, alors cependant que c'est toujours sa bonté et sa miséricorde qui l'emportent, même quand l'innocent est opprimé. Ce qui suit le démontre :

Une légende des bords du Rhin rapporte qu'un vieil anachorète, au milieu de ses mortifications, reçut la visite du tentateur qui, ne pouvant vaincre sa chair, s'efforça de troubler son esprit en le faisant douter de la justice de Dieu. Si Dieu était juste, lui suggérait le mauvais esprit, est-ce que ceci arriverait de telle ou telle sorte?

Et Satan lui ouvrait malicieusement les saints
Livres aux endroits où David, Job, Salomon et les
prophètes se plaignent au Seigneur de voir les
méchants triomphants et les bons méprisés. Et
il lui disait : « Médite! » Le solitaire médita; un
doute affreux vint torturer son âme. Il se décida à
quitter sa solitude pour échapper à la tentation, et
afin de chercher à travers le monde des preuves de
la justice divine à opposer à Satan. Dieu eut pitié
de sa bonne intention : il partit, et Satan n'eut point
la permission de le suivre.

LXXV.

A peine était-il en chemin, qu'un beau jeune
homme l'accosta, et l'ayant interrogé sur les motifs
de son voyage, lui demanda la permission de devenir son compagnon de route. Ce jeune pèlerin avait
un charme indéfinissable, et le vieil ermite accepta
son offre avec joie. Vers le soir, ils arrivèrent à un
antique château, et, à la demande du guide, l'hospitalité la plus généreuse leur fut offerte; le châtelain et ses enfants voulurent servir les pieux voyageurs. Tandis qu'on exerçait ainsi la charité à leur
égard, un messager arriva avec le présent qu'un
ennemi de ce seigneur lui offrait en gage de récon-

ciliation : c'était une coupe d'or très richement cise-
lée, et dans laquelle il lui demandait de boire à leur
union. Ils admirèrent ce don qu'on plaça sur la
table à la place du châtelain, pour le lendemain, et
ils partirent comblés de bontés. Avant leur départ,
le châtelain leur remit une bourse en disant : « J'ai
reçu un don, il faut que je vous en fasse un aussi. »
Or, tandis qu'en route ils bénissaient des hôtes si
charitables pour les pauvres pèlerins, grande fut la
surprise de l'anachorète de voir son compagnon
tirer de son sein la magnifique coupe offerte au châtelain et qu'il avait prise avant de partir, abusant
de la confiance qu'on avait en eux. Et il lui faisait
admirer comment c'était une merveille. Mais l'anachorète indigné, de s'écrier : « Mon fils, qu'avez-
vous fait? » Le jeune homme eut un sourire indéfinissable qui arrêta la colère du vieillard, et il cacha
de nouveau la coupe sous son manteau.

LXXVI.

La seconde nuit du voyage, ils furent reçus par
un avare grincheux et méchant, mal vêtu, quoique
riche ; il était assis sur son coffre-fort, leur refusa
de la paille pour dormir, et ne leur fit bonne mine
qu'à l'heure du départ. Alors le jeune pèlerin le

5

remercia de son hospitalité plus qu'il n'avait fait au château, et lui remit, à titre de reconnaissance, la coupe enlevée au châtelain. L'étonnement de l'anachorète grandissait, et il suppliait le Seigneur de mettre le repentir au cœur du coupable, après de telles injustices.

En continuant la route, ils arrivèrent à un village, et le jeune homme, frappant à la porte d'une maison très pauvre, demanda à boire. « Soyez bénis, leur fut-il répondu, vous qui venez au nom du Seigneur; recevoir ses envoyés, cela porte toujours bonheur; » et on les servit. Or, à peine avaient-ils franchi le village que, se retournant, ils virent que la maison était en feu et s'écroulait. L'anachorète se demandait comment ce malheur était arrivé. Fallait-il soupçonner son compagnon d'un nouveau méfait; en tous cas, il avait l'âme pleine d'amertume et il se disait : « Le diable aurait-il donc raison, et la justice de Dieu n'existerait-elle point? » Un silence glacial régna entre les deux compagnons. Ils traversèrent une large forêt, et le silence fut enfin troublé par des gémissements; ces cris de douleur sortaient d'une cabane entièrement cachée dans les arbres. Ils approchèrent, et près du grabat d'un enfant, la mère se tordait les bras et poussait des lamentations, car son fils était bien malade. Le père, immobile, atterré, regardait sans pleurer, mais ne priait point. « Courage, pauvre mère, dit le jeune homme, » et prenant un vase sur la table, il le remplit d'un breuvage doré et l'approcha des lèvres du petit. A peine celui-ci en eut-il goûté avidement, qu'il re-

tomba sur son lit les membres raidis : la mort avait
été instantanée.

<hr />

LXXVII.

L'anachorète tremblait; son misérable compagnon se jouait avec le crime. Qu'allaient, d'ailleurs,
penser ces pauvres gens? Ils ne s'irritèrent point,
et, chose étonnante, le père leur dit : « Braves pèlerins, le chemin est difficile en cette forêt; il pour-
rait vous arriver malheur, je vous servirai de guide
jusqu'à la ville. » Au moment où cet homme s'en-
gageait sur un pont fragile au-dessus d'un abîme et
leur disait de le suivre sans crainte, ô horreur! le
jeune homme, voleur de la coupe, celui qui enri-
chissait l'avare, celui qui avait brûlé la pauvre
maison et empoisonné l'enfant innocent, saisissait
violemment la main secourable, poussait dans
l'abîme le père qui s'était fait son guide. A ce spec-
tacle, le vieux solitaire poussa un grand cri, et il
lui semblait que le tonnerre allait éclater et fou-
droyer le coupable. Mais le ciel était pur et le coupable souriait comme celui qui a accompli une
bonne action...

LXXVIII.

Soudain, la scène change : le jeune homme, de l'endroit même où il vient d'accomplir son forfait, s'élève dans une nuée, et à sa place l'anachorète voit resplendir le glorieux archange saint Michel, dont le cri de guerre est : *Quis ut Deus!* Il tombe à genoux, se voile la face. — « Quelle justice est comme celle de Dieu, lui dit l'archange. Vous avez voulu la chercher. En vérité, je vous dis que vous venez de la voir en partie. La coupe que j'ai enlevée chez les pieux châtelains qui nous avaient accueillis était empoisonnée par leur ennemi, et l'avare à qui je l'ai remise comme un châtiment de sa dureté a déjà reçu les effets de son péché : il est mort sans emporter son trésor.

« Les pauvres gens qui nous ont rafraîchis sur le chemin, pour l'amour de Dieu, et dont j'ai fait brûler la maisonnette, en la rebâtissant trouveront sous les ruines un grand trésor qui serait demeuré enseveli ; ils la feront plus grande : c'est la récompense du verre d'eau.

« L'enfant que j'ai enlevé innocent de ce monde serait devenu un scélérat, car son père, que j'ai précipité dans l'abîme, était un voleur qui assassinait les voyageurs dans les bois, et il ne s'était offert à nous servir de guide, que pour nous pousser dans le précipice où il vient de périr auprès de ses anciennes victimes.

« C'est ainsi que souvent, ce qui est juste devant Dieu ne l'est pas devant les hommes; nul ne sait si ce qu'on estime un bien n'est pas un mal : le Maître de la vie l'a donnée dans sa bonté; il peut bien la retirer par miséricorde ou par justice, sans que les pauvres humains sachent les motifs insondables de ses décrets. »

L'archange disparut dans un nuage de pourpre et d'or. L'anachorète retourna dans sa solitude, guéri de ses doutes. Satan n'osa plus revenir, et le saint solitaire mourut de longues années après, bénissant Dieu qui lui avait manifesté les trésors de sa justice, toujours unis à ceux de sa miséricorde.

CHAPITRE XIII

LXXIX.

Ce qui reste de la vie.

Richesses, plaisirs, honneurs, qu'est-ce que cela, lorsque l'on jette le corps dans la fosse et que l'âme s'en va dans son éternité? Pensez-y dès aujourd'hui, dès ce moment même, car demain peut-être il ne sera plus temps. Travaillez pendant que vous êtes jeunes, hâtez-vous d'amasser un trésor pour le ciel.

Il est difficile de mesurer le temps; il passe si vite qu'à peine il laisse un souvenir. Que vous reste-t-il des douze, quinze ou seize années que vous avez déjà vécues? Un souvenir. Que me reste-t-il, à moi, qui ai déjà franchi un demi-siècle? Un souvenir comme à vous. Et quand, au moment de la mort, un ami nous dira que la porte de l'éternité s'ouvre devant nous, que nous restera-t-il de toute

notre existence ici-bas ? Rien que le souvenir du
bien et du mal que nous aurons fait, avec les espé-
rances ou les craintes qu'il nous fera concevoir !

LXXX.

L'âme de l'enfant.

L'âme de l'enfant est un trésor que se disputent
Dieu, le démon, le monde et les parents. Dieu tient
à posséder cette âme pour lui faire partager sa
gloire éternelle, car c'est pour cela qu'il l'a créée.
Le démon ne se propose que de détruire en elle
l'image de Dieu et de la précipiter dans les supplices
éternels de l'enfer.

Le monde veut faire de l'enfant un de ses serviteurs : il lui offre ses plaisirs fugitifs, ses fêtes fri-
voles, ses extravagantes folies qui n'engendrent que
des remords ; il est l'auxiliaire du démon.

Les parents, auxiliaires de Dieu, doivent élever
leur enfant de manière à faire de lui un chrétien
digne de ce nom ; ils doivent ne poursuivre jamais
un but de spéculation personnelle et égoïste.

Heureux l'enfant qui a le bonheur de correspon-
dre à l'appel divin, de suivre l'attrait de la grâce et
d'y être aidé par un bon père et une excellente
mère !

LXXXI.

Du blasphème.

Tous les péchés sont horribles; mais il en est un qu'on peut appeler le péché des démons : c'est le blasphème.

En effet, ces esprits infernaux blasphèment éternellement le nom de Dieu, au milieu des flammes qui les dévorent. Tous ceux qui blasphèment sont leurs imitateurs; si on les imite pendant la vie, il est bien à craindre qu'on n'aille leur tenir compagnie pendant l'éternité.

Ce péché est si grand aux yeux de Dieu qu'il attire toutes sortes de malheurs sur les individus, les familles, les nations qui s'en rendent coupables.

Prenez bien garde que le blasphème ne règne dans votre maison. C'est un fait d'expériences que les chrétiens qui s'y livrent font une mauvaise fin.

Ayez horreur du blasphème.

Quand vous entendez blasphémer, faites un acte d'amour de Dieu.

LXXXII.

Notre ingratitude.

Le péché est le grand ennemi de Dieu et de l'âme. C'est lui qui nous arrache du ciel et nous précipite dans l'enfer.

Que nous sommes ingrats! Le bon Dieu veut nous rendre heureux, et nous ne le voulons pas! Nous nous détournons de lui et nous nous donnons au démon! Nous fuyons notre ami et nous cherchons notre bourreau! En commettant le péché, nous nous enfonçons dans la boue de l'iniquité.

Que nous sommes insensés! Nous employons à nous perdre un temps que Dieu nous a ménagé pour que nous l'employions à nous sauver. Nous lui faisons la guerre avec les moyens qu'il nous a donnés pour le servir! Nous pourrions vivre heureux, et nous nous préparons un malheur sans remède!

Demandons la grâce de fuir le péché et d'aimer le bon Dieu de tout notre cœur.

LXXXIII.

Du Saint-Esprit.

Le Saint-Esprit nous donne la grâce; sans le Saint-Esprit, nous sommes comme une pierre du chemin. Prenez dans une main un vase rempli de liqueur, et dans l'autre un caillou. Il ne sortira rien du caillou, mais du vase il sortira une liqueur qui exhalera un parfum suave. Ce vase, c'est l'âme remplie du Saint-Esprit, et le caillou, c'est le cœur froid et dur où le Saint-Esprit n'habite pas.

L'Esprit-Saint nous conduit comme la mère qui mène son enfant par la main, comme la personne clairvoyante qui guide un aveugle. Chaque matin nous devrions faire cette prière : « Mon Dieu, envoyez-moi votre Esprit, afin que je connaisse ce que je suis et ce que vous êtes. » Une âme qui possède le Saint-Esprit goûte une grande joie à servir Dieu; elle marche toujours en sa sainte présence.

LXXXIV.

L'amour de Dieu.

L'homme créé par l'amour ne peut vivre sans aimer : ou il aime Dieu, et alors il se plait à la prière et aux autres exercices de piété, ou il aime le monde, et il ne soupire qu'après ses fêtes bruyantes et tous leurs dangers.

En grandissant, vous vous apercevrez que plus on connait les hommes, moins on les aime, parce qu'on s'aperçoit qu'ils sont menteurs, hypocrites, égoïstes. C'est le contraire pour Dieu : plus on le connait, plus on l'aime, parce qu'il est bon, juste, généreux, miséricordieux.

Il y a des gens qui n'aiment pas le bon Dieu, qui ne le prient pas et qui prospèrent; c'est mauvais signe. Ils ont fait un peu de bien à travers beaucoup de mal. Le bon Dieu les récompense dès cette vie, afin qu'au jugement général ils soient obligés de dire : Dieu est juste; il nous a récompensés sur la terre du bien que nous avons fait, mais il nous punit dans l'éternité du mal que nous avons aimé.

CHAPITRE XIV

Histoire d'une violette.

———+⚹+———

LXXXV.

« Je suis une petite fleur bien timide et de bien modeste apparence. Je naquis au printemps, dans un bois, sous un beau chêne qui me servit de protecteur; et j'y grandis, fortifiée par l'eau du ciel et la rosée du matin.

« Je m'ennuyais quelquefois dans ce bois, et souvent je me demandais quelle serait ma destinée. Maintes fois, dans la journée, de joyeux groupes d'enfants faisaient retentir les échos de leurs appels mille fois répétés; mais leur gaieté m'effrayait quelque peu, car je craignais toujours qu'ils ne m'aperçussent, et il me répugnait de tomber dans les mains d'enfants si dissipés.

LXXXVI.

« Un jour, je vis venir sous les grands chênes trois petites filles bien sages. Elles avaient chacune des fleurs dans les mains. Mais ces fleurs probablement ne leur suffisaient pas, car elles allaient et venaient, promenant leurs regards de tous côtés, cherchant dans la mousse et sous les feuilles avec la plus grande attention. Enfin, l'une d'elles passa tout près de moi, m'aperçut, et s'écria en me cueillant : « Enfin, en voici une! Maintenant, faisons notre bouquet ». Elles s'assirent à l'ombre du bel arbre et formèrent un superbe bouquet dans lequel j'eus la place d'honneur. Elles quittèrent ensuite le bois, prirent un petit sentier où tout était nouveau pour moi.

« Pendant le trajet, je me disais souvent : Où vais-je? Que va-t-on faire de moi? Tout en faisant ces réflexions, je m'aperçus que le petit chemin aboutissait à une église dans laquelle les enfants entrèrent silencieusement; elles s'agenouillèrent un instant pour adorer le bon Dieu, prirent un petit vase placé sur une console, le remplirent d'eau et y mirent le bouquet qu'elles déposèrent devant la statue de la sainte Vierge. Je fus bien heureuse d'avoir été choisie par ces bonnes petites filles pour orner l'autel de Marie. J'y suis restée trois jours fraîche et jolie; puis, je me flétris et mourus, heureuse d'expirer dans ce sanctuaire béni. »

LXXXVII.

Cette violette, c'est vous, cher enfant. Vous naquîtes à la vie de la grâce, le jour où on vous porta à l'église, représentée par le beau chêne, le plus fort et le plus vivace de tous les arbres. Sa force et sa longue vie marquent l'immortalité de l'Église.

L'eau du ciel et la rosée du matin marquent les grâces que Dieu vous a accordées.

Le bois représente ce bas monde. Comme la violette, vous vous y ennuierez souvent. Les peines, les souffrances, les déceptions vous feront réfléchir sur votre avenir et votre destinée éternelle. Votre âme regardera le ciel et aspirera vers ce lieu de délices, où l'attend une félicité parfaite, si elle reste fidèle à Dieu.

LXXXVIII.

Les groupes d'enfants qui viennent dans la journée courir et crier dans le bois, et qui font peur à la violette, représentent les démons qui, jaloux du bonheur qui vous est promis et de votre innocence,

viennent vous tenter et vous porter au mal. Les
enfants tapageurs n'aperçurent pas l'humble fleur
cachée sous les feuilles. Si vous pratiquez la belle
vertu d'humilité, si vous craignez le bruit du
monde, si vous ne connaissez d'autres chemins que
ceux de l'école et de l'église, le démon ne vous
remarquera pas et ne vous fera pas de mal; vous
conserverez votre innocence, et Dieu vous bénira.

Les trois petites filles, par leur grâce et leur
beauté enfantine, représentent les bons anges qui
nous protègent contre les démons, nous donnent de
bonnes inspirations et nous portent au bien. Remarquez qu'elles avaient des fleurs à la main, ce qui
signifie que nos anges gardiens recueillent nos
bonnes œuvres et nos ferventes prières pour les
porter au ciel.

Les fleurs qu'elles tenaient ne leur suffisaient
pas; elles venaient dans le bois en chercher de nouvelles. Dès que l'une d'elles aperçut la timide violette, elle s'écria : « Enfin, en voici une! maintenant, faisons notre bouquet ». Les deux autres
accourent partager sa joie et son bonheur, et finir
avec elle le bouquet commencé.

LXXXIX.

Les anges gardiens parcourent l'univers, et quand ils trouvent une âme pure, prête à quitter cette vie pour aller au ciel, ils attendent près d'elle le moment marqué par la Providence, s'occupent à former le bouquet de ses bonnes œuvres, et au moment où elle se dégage de son enveloppe mortelle, ils la placent, comme la violette, au centre de ses œuvres, et la portent dans la demeure des élus, représentée par l'église où aboutit le chemin ombragé, suivi par les trois jeunes filles.

Que va-t-on faire de moi? se demande l'âme élue, comme la fleur; et sans avoir le temps de se renouveler la question, elle se trouve au tribunal du souverain Juge, qui prononce ces douces paroles : « Viens, enfant béni de mon Père : tu as été fidèle à ma loi; entre dans mon royaume pour y jouir de la gloire des élus. »

Les anges alors conduisent l'âme à la place méritée par ses œuvres et sa fidélité. Leur mission est finie : ils sont heureux d'avoir introduit une âme au ciel. Puissiez-vous, mon ami, partager ce bonheur!

CHAPITRE XV

—·:✳:·—

XC.

Notre folie.

Si vous voyiez un homme dresser un grand bû-
cher, entasser des fagots les uns sur les autres, et
si, lui demandant ce qu'il fait, il vous répondait : Je
prépare le feu qui doit me brûler, que penseriez-
vous de lui ? Le malheureux, mais il est fou !

Ce malheureux, ce fou, c'est tout chrétien qui
commet un péché soit mortel, soit véniel. Que fait-il
alors, sinon amasser le bois qui entretiendra le feu
de l'enfer ou du purgatoire ?

Ce n'est pas Dieu qui nous jette en enfer, c'est
nous qui nous y jetons par nos péchés. Le damné
dira : J'ai perdu Dieu, j'ai perdu le ciel; c'est par
ma faute, par ma faute, par ma très grande faute !

Si les pécheurs songeaient à l'éternité, à ce terrible toujours, ils n'hésiteraient pas, ils se convertiraient sur-le-champ.

XCI.

Vanité des vanités.

En dehors du bon Dieu, rien dans le monde n'est solide. La vie passe, la fortune s'écroule, la santé se détruit, les plaisirs fuient; toutes les jouissances s'en vont grand train.

Qu'ils sont à plaindre ceux qui se nourrissent d'illusions à ce sujet! Jamais contents, jamais tranquilles, toujours inquiets, tourmentés, bouleversés, ils ne savent où ils vont.

XCII.

Du bonheur des élus.

Quand, ailleurs qu'à l'école et à l'église, avez-vous entendu parler du ciel et de l'enfer? Jamais.

Dans le monde, on cache l'un et l'autre : le ciel,

parce que si on en connaissait la beauté, on voudrait y aller à tout prix, on laisserait de côté les fêtes mondaines; l'enfer, parce que si on en connaissait les tourments, on voudrait les éviter à tout prix, et on ne ferait plus de péchés.

Ayez peur de l'enfer pendant la vie, et vous n'y tomberez pas après la mort. Désirez le ciel bien ardemment sur la terre, et Dieu vous le donnera après cette vie.

Quel bonheur pour les justes quand, à la fin du monde, l'âme, embaumée des parfums du ciel, se verra appelée à jouir de Dieu pendant l'éternité! Alors nos corps ressusciteront immortels et glorieux, pour recevoir la récompense qui leur est réservée durant l'éternité.

XCIII.

De la crainte de la mort.

Savez-vous pourquoi les hommes ont peur de la mort? C'est parce qu'ils ont péché et qu'ils craignent les suites du péché pendant l'éternité. Quand un enfant meurt, c'est comme s'il s'endormait. Pourquoi? Parce que sa conscience est en paix. C'est le péché qui effraie le méchant à l'heure du terrible passage.

Il y a de quoi ! Penser qu'on va être maudit de Dieu, et cela pour toujours, parce qu'on lui a préféré un plaisir défendu, une mauvaise pensée, un peu de terre, la satisfaction d'une vengeance. On verra monter au ciel ce père, cette mère, cette sœur, ce voisin, qui étaient là près de nous, avec qui nous avons vécu, mais que nous n'avons pas imités, tandis que nous descendrons en enfer pour y souffrir toujours.

XCIV.

La Terre, ce qu'elle est.

La terre est un pont jeté entre le temps et l'éternité; elle ne sert qu'à soutenir nos pieds. Vous n'avez jamais vu des maisons bâties sur des ponts ? Pourquoi? Parce que les ponts ne doivent jamais être obstrués; il faut que le passage reste toujours libre. De même, convient-il de garder nos communications libres entre la terre et le ciel, notre véritable patrie.

Nous sommes en ce monde, mais nous ne sommes pas de ce monde, puisque nous disons tous les jours : « Notre Père qui êtes aux cieux. » Il faut donc travailler de manière à mériter une belle place dans le royaume de Dieu, notre Père. Si chez les élus il pouvait y avoir des regrets, ce serait de n'avoir pas mis à profit le temps qu'ils ont passé sur la terre.

XCV.

L'Espérance du ciel.

Un mauvais chrétien ne peut comprendre cette belle espérance du ciel, qui soutient quand on est malheureux, et ranime quand on serait tenté de se décourager. Tout ce qui fait le mérite des saints lui paraît dur, incommode, insupportable, parce qu'il n'est pas éclairé de la vraie lumière.

Voyez, mes enfants, ces pensées consolantes.

Avec qui serons-nous dans le ciel? Avec Dieu, qui est notre père; avec Jésus-Christ, qui est notre frère; avec la sainte Vierge, qui est notre mère; avec les Saints, qui sont nos amis.

Ah! si nous comprenions bien notre bonheur! Tandis que les Saints ne peuvent plus mériter, nous pouvons à chaque instant augmenter notre trésor en augmentant nos mérites, et rien de plus facile : prier pieusement, donner bon exemple, souffrir pour l'amour de Dieu, etc.

CHAPITRE XVI

XCVI.

Facilité du salut.

Les gens du monde disent que c'est trop difficile de faire son salut. Il n'y a cependant rien de plus facile : observer les commandements de Dieu, ou bien, si vous voulez, faire le bien et éviter le mal; il n'en faut pas davantage.

Les bons chrétiens qui travaillent sérieusement à sauver leur âme sont toujours heureux et contents; ils jouissent, par avance, du bonheur du ciel. Les mauvais chrétiens, au contraire, sont toujours à plaindre; ils murmurent, ils sont tristes, sans compter le sort affreux qui les attend dans l'éternité.

N'oubliez pas que l'on suit toute la vie la voie qu'on a prise dans son enfance. Si vous voulez un

jour être parmi les saints, vivez en bon chrétien,
faites votre prière, fréquentez les sacrements, aimez
les exercices de piété.

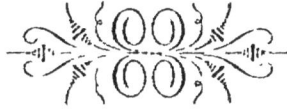

XCVII.

Les Moyens de salut.

Le bon Dieu n'a pas besoin de nous; s'il nous
commande de prier, c'est qu'il veut notre bonheur
et notre sanctification. Lorsqu'il nous voit venir à
lui, il nous ouvre son cœur et s'incline vers nous,
comme un père prêt à écouter son fils qui lui parle.

Le matin, il faut faire comme l'enfant qui commence à connaître sa mère : dès qu'il ouvre les
yeux, il regarde, il la cherche; à sa vue, il sourit, il
est content, il veut aller à elle.

Il y a deux moyens indiqués pour tout chrétien
qui veut faire son salut : la prière et les sacrements.
Tous ceux qui sont devenus saints ont eu fréquem-
ment recours aux sacrements et ont élevé leur âme
à Dieu par la prière.

Suivons leur exemple, et nous deviendrons saints
comme eux.

XCVIII.

Du sacrement de Pénitence.

Mes enfants, on ne peut pas comprendre la bonté que Dieu a eue pour nous, en instituant le sacrement de Pénitence.

Si l'on disait aux pauvres damnés qui sont dans les flammes éternelles : Nous allons mettre un prêtre à la porte de l'enfer; tous ceux qui voudront se confesser n'ont qu'à sortir; croyez-vous qu'un seul hésitât? Les plus coupables ne craindraient pas de dire leurs péchés, et même de les dire devant tout le monde.

Oh! comme l'enfer serait vite désert, et comme le ciel se peuplerait rapidement.! Eh bien, nous avons le temps et les moyens que ces malheureux damnés n'ont pas; sachons en profiter pour éviter le malheur qu'ils subissent et qu'ils subiront pendant toute l'éternité.

Ne vous endormez jamais dans l'état où vous ne voudriez pas mourir; récitez votre acte de contrition avant de fermer les yeux.

XCIX.

De la Confession.

Mes enfants, vous devez en user pour votre âme, comme la personne qui, ayant un beau globe de cristal, tient à le garder clair et brillant. Si un peu de poussière se dépose sur ce globe, dès qu'elle s'en aperçoit elle s'empresse de l'enlever et de lui rendre son premier éclat.

Il est consolant de penser que nous avons un sacrement qui débarrasse notre âme de la poussière et de la boue du péché. Mais il faut le recevoir avec de bonnes dispositions. Il y en a qui profanent le sacrement en manquant de sincérité. Ils auront caché des péchés mortels, il y a dix ans, vingt ans. Tourmentés par le remords, ils ont d'abord la pensée de les dire, puis ils renvoient cet aveu à plus tard; et la vie devient pour eux un enfer!

Ne vous abusez pas : les péchés que nous cachons reparaîtront tous au jour du jugement. Si vous voulez qu'ils restent à jamais cachés vous n'avez qu'un moyen à prendre, les bien confesser.

C.

De la Communion.

Quand nous venons de communier, si quelqu'un nous disait : Qu'emportez-vous dans votre maison? nous pourrions lui répondre : J'emporte le ciel. Un saint disait que nous étions des porte-Dieu. C'est bien vrai, mais nous ne comprenons pas notre bonheur. En sortant de la sainte table, nous sommes aussi heureux qu'eussent été les mages s'ils avaient pu emporter l'Enfant-Jésus.

Prenez un vase plein d'une liqueur odorante, gardez-le bien fermé, vous en savourerez indéfiniment le parfum. De même, si vous tenez, après la communion, votre cœur dans le recueillement, vous savourerez longtemps la suavité dont la présence du divin Jésus inondera votre âme.

Ce qui fait le bonheur des religieux, c'est la sainte communion. Il ne tient qu'à vous de partager leur bonheur.

NAPOLÉON QUITTE L'ARMÉE.

CHAPITRE XVII

Image de la vie.

CI.

Les anciens comparaient l'existence humaine à un V. Dans la première partie du trajet, l'enfant, dirigé par ses maîtres et ses parents, suit sa route sans hésiter; mais, arrivé à l'adolescence, c'est-à-dire vers quatorze ans, au moment où il doit se conduire lui-même, deux voies se présentent : à l'entrée de l'une est la *Mollesse* avec ses séductions; la voie qu'elle montre est toute fleurie au début; c'est la voie large des vices et du libertinage qui aboutit à l'enfer.

A l'entrée de l'autre est la *Vertu;* l'accès de cette route est moins séduisant, mais elle conduit à la gloire et au bonheur du ciel.

Ceux qui prennent la voie de la *Mollesse* s'excusent en disant : Il faut que jeunesse se passe.

A quoi faire? leur répond Mgr de Ségur. Des sottises? des péchés? à perdre son âme, son honneur, sa santé, son argent avec les débauchés? à faire ce que Dieu défend?

Voilà, certes, une étrange morale, et je ne sais pas de quel endroit de l'Évangile vous l'avez tirée.

Oui, il faut que jeunesse se passe; mais il faut qu'elle se passe comme toute la vie, dans la pratique du bien, dans la fuite du mal, dans la fuite des mauvaises compagnies, dans l'accomplissement du devoir.

CII.

La seule différence entre elle et la vieillesse, c'est que la jeunesse a plus de vivacité et de force, et qu'ainsi elle doit faire le bien avec plus de zèle, plus d'ardeur, plus de dévouement.

Oui, il faut que la jeunesse se passe de la sorte pour être honorable devant Dieu et devant les hommes; pour être le prélude d'une vieillesse respectable et bénie du ciel; pour préparer de loin la moisson que l'âme recueillera au jour de son départ, sur le seuil de l'éternité.

Il n'y a rien de plus ravissant au monde qu'une jeunesse sainte et pure. Il n'y a rien de plus beau.

de plus touchant, de plus aimable qu'un jeune
homme chaste, modeste, laborieux, fidèle à ses
devoirs.

Oh! si les jeunes chrétiens savaient ce qu'ils
sont, pour rien au monde ils ne voudraient perdre
leur gloire.

Une fois perdue, elle ne peut revenir. Le repentir
a ses charmes; mais ce n'est plus l'*innocence*.

CIII.

Il faut que jeunesse se passe, dit-on. D'accord
mais à quoi faire? Là est toute la question. Que
voulez-vous être dans l'avenir? bon, honnête, vau-
rien? Vous serez dans l'âge mûr ce que vous aurez
été sur les bancs de l'école. Rarement on change en
bien.

Voyez les animaux : ils sont jeunes, ils vieillis-
lissent, mais ils ne se sont pas écartés un instant
des lois que Dieu leur a tracées ; et vous, enfants,
les rois de la création, pourquoi vous écartez-vous
des sentiers du devoir, de la vertu?

Un cheval, un chien, un bœuf sont dressés dans
quelques semaines; toute leur vie, sans jamais
varier, ils accomplissent la tâche qu'on leur a
apprise à remplir; les mauvais traitements mêmes
ne les éloignent pas de leur maître.

CIV.

Il faut quinze ans de soins, de peines et de leçons pour faire l'éducation de l'enfant. Chose déplorable, cet enfant, à qui on a donné tant de leçons de morale à l'école, qui a entendu citer tant d'exemples de vertu, qui a lu tant de bons livres, reçu d'excellents conseils à la maison, cet enfant, quelques semaines après sa sortie de l'école, est la victime des mauvaises compagnies qui enlèvent de son cœur jusqu'aux premiers vestiges de la bonne éducation reçue.

Il n'est pas rare de voir des jeunes gens de seize ans déserter le foyer domestique, se livrer au vagabondage, devenir la cause des chagrins de leur famille, et descendre jusqu'au libertinage le plus dégradant.

Les exemples abondent. Je choisis celui que je lisais, il n'y a que quelques jours, dans un journal de la Lozère. Vous y verrez les dangers auxquels s'exposent les jeunes gens qui oublient les leçons du catéchisme pour suivre les exemples de compagnons pervers.

CHAPITRE XVIII

Deux exemples.

—◆—

CV.

Plusieurs jeunes gens des villages environnants, venus à Saint-Laurent pour la foire, étaient réunis dans une auberge, buvant et chantant en attendant l'heure du départ. L'idée leur vint de danser une bourrée, comme c'est l'habitude de nos paysans. On saute, on se taquine, on se bouscule; de là, bravades des uns, ressentiment des autres; plusieurs altercations assez vives s'ensuivent, et, pour un motif des plus futiles, la possession d'une canne à lance, une rixe éclata tout à coup. Un instant après, un des combattants tombait pour ne plus se relever, frappé en pleine poitrine d'un coup de canne à lance, cause de la dispute. Aussitôt, un des amis, sautant sur le meurtrier, lui plongeait son couteau dans la gorge. Alors, des deux côtés, chacun prend fait et cause pour son ami; tous ces jeunes gens, pris d'une rage folle, se ruent les uns sur les autres.

Aux cris poussés par l'hôtesse, on accourt pour
séparer les combattants, mais il était trop tard : six
de ces malheureux gisaient à terre, au milieu d'une
mare de sang ; deux étaient morts, quatre si dange-
reusement blessés qu'on désespérait encore de les
sauver.

Ce fait prouve, comme beaucoup d'autres, combien ont tort les jeunes gens et les parents qui
disent : « Il faut que jeunesse se passe. »

CVI.

De nombreux exemples montrent que la jeunesse
ne doit pas se passer à faire des sottises, des péchés,
des scandales, et à perdre son âme, son honneur,
sa santé, son argent, dans le libertinage. Que de
parents déplorent dans leur vieillesse la mauvaise
éducation qu'ils ont donnée à leurs enfants ! Des
larmes amères sont le fruit ordinaire des faiblesses
d'un père trop indulgent, d'une mère trop bonne
pour ces enfants gâtés qui, souvent sont mois-
sonnés par la mort au printemps de leur vie; s'ils
survivent à leurs excès de jeunesse, ce n'est que
pour traîner une vie languissante, épuiser en remè-
des et en soins inutiles les ressources péniblement
amassées pour l'établissement de cet enfant, l'unique espoir de la famille, et qui, par le fait, en est le
tourment et la ruine, quand il n'en est pas en même
temps le déshonneur !

Si je pouvais redevenir jeune, disent ceux qui ne le sont plus, je ferais tout autrement que je n'ai fait quand je l'étais. Ayez donc, chers enfants, une jeunesse laborieuse et pure, qui vous prépare une vieillesse honorable et bénie de Dieu.

Il en sera ainsi, si vous imitez la bonne volonté et la force d'âme de Joseph, héros chrétien, mort au champ d'honneur pendant la guerre de 1870.

CVII.

Joseph, enfant d'une bonne famille, faisait ses études dans un collège dirigé par des prêtres. Il était bien doué sous tous les rapports : il était laborieux, intelligent, le premier de sa classe; il avait un beau physique, une constitution vigoureuse et beaucoup d'adresse dans les exercices de gymnastique, ajoutant à tout cela une innocence et une modestie angéliques.

Il fit sa première communion lorsqu'il était élève de cinquième et en conserva le fruit précieusement.

Il finit ses classes et fut reçu bachelier en 1870; il avait alors dix-huit ans. Lorsque la guerre eut éclaté, il demanda à son père la permission d'aller rejoindre les zouaves pontificaux du général de Charette.

Il avait été un modèle au collège, il le fut aussi sous les armes. Il communiait tous les dimanches et les fêtes, ce qui ne l'empêchait pas d'être le soldat le plus gai de son bataillon.

CVIII.

En janvier, près de la ville du Mans, il s'agit un jour de reprendre un mamelon aux Prussiens; cinq cents zouaves furent chargés de cette affaire, deux cents y périrent et trois cents parvinrent à s'établir sur le mamelon. Joseph était du nombre des vainqueurs; mais voilà que tout à coup une dernière balle vint l'atteindre et le blessa mortellement.

Quelques moments après, un aumônier passa auprès du blessé et lui offrit le secours de son ministère. Merci, monsieur l'aumônier, je me suis confessé et j'ai communié hier matin; pour le moment, je n'ai rien qui me pèse sur la conscience : veuillez seulement m'étendre sur un peu de paille et m'apporter ensuite la sainte communion. J'ai aussi un service à vous demander : allez à mon sac, qui porte tel numéro, vous y trouverez un ruban blanc et un chapelet blanc; ce sont mes souvenirs de première communion; veuillez me les apporter.

Quand l'aumônier fut revenu, Joseph lui dit : « Lorsque je serai mort, vous enverrez ces objets à ma mère, en lui écrivant de ma part qu'ils n'ont jamais eu d'autres taches que celles de mon sang versé pour notre pauvre patrie. »

Enfants, en terminant cette lecture, prenez la résolution de vivre comme ce vaillant jeune homme et vous serez bénis de Dieu.

SÉBASTOPOL.

CHAPITRE XIX

CIX.

Une nourriture divine.

Tous les êtres de la création ont besoin de se nourrir pour vivre. Notre âme doit donc aussi prendre une nourriture. Où la trouvera-t-elle ? La nourriture de l'âme, c'est la sainte Eucharistie, c'est le corps adorable de Jésus-Christ, nourriture céleste, nourriture divine. En effet, Dieu seul peut suffire à notre âme ; il n'y a que Dieu qui puisse la satisfaire, la rassasier ; il lui faut absolument son Dieu.

Heureuses les âmes pures qui s'unissent souvent à Notre-Seigneur par la communion ! Dans le ciel, elles brilleront comme de beaux diamants.

CX.

De la visite au Saint Sacrement.

Dans le tabernacle où il est caché sous les apparences de l'hostie consacrée, Notre-Seigneur attend que nous allions le visiter et lui adresser nos demandes. Il est là, dans le sacrement de son amour, intercédant sans cesse auprès de son Père pour les pécheurs ; il est là, prêt à nous écouter, à nous assister, à nous consoler. A nous de dérober quelques minutes à nos amusements pour aller le prier, le visiter, le dédommager des injures qu'il reçoit. Avec quel ineffable sourire il nous accueillera !

Un moyen excellent de vous rendre agréable à Jésus-Hostie, c'est, quand vous vous éveillez quelquefois la nuit, de vous transporter par la pensée devant le tabernacle et de dire à Notre-Seigneur : Mon Jésus, me voici ; je viens vous adorer, vous louer, vous bénir, vous remercier, vous aimer, vous tenir compagnie avec les anges et vous demander votre bénédiction.

CXI.

Du Saint Sacrement.

Si nous aimions bien Notre-Seigneur Jésus-Christ, nous aurions toujours présent à l'esprit le souvenir du tabernacle dans lequel il réside, de l'église où il fait sa demeure.

En voyage, dès que nous apercevrions le clocher d'une église, notre cœur volerait vers Jésus, et, difficilement, nous détournerions nos regards.

Si nous avions la pénétration des anges et que nous puissions voir comme eux Jésus présent sur l'autel, quel ne serait pas notre amour! nous ne voudrions plus nous séparer de lui. Prosternés à ses pieds, nous savourerions en sa présence un avant-goût du ciel.

Lorsque nous sommes devant le Saint Sacrement, au lieu de regarder autour de nous, fermons les yeux du corps et ouvrons ceux du cœur. Du cœur même de Jésus il sortira un torrent de grâces et de faveurs qui enrichiront le nôtre.

Prenez la résolution de n'entrer jamais dans une église sans y faire un acte d'adoration.

CXII.

Du Sacrifice de la Messe.

Toutes les bonnes œuvres des hommes réunies ne sauraient égaler le sacrifice de la messe; elles n'ont qu'un prix limité, et la messe est d'un prix infini. Le martyre, ou le sacrifice que l'homme fait à Dieu de sa vie, est encore au-dessous; car le sacrifice de la messe est le sacrifice que le Fils de Dieu fait à son Père de son corps et de son sang divin.

A la voix du prêtre, Notre-Seigneur descend du ciel et se renferme dans une petite hostie. Dieu arrête ses regards sur l'autel. « C'est là, dit-il, mon Fils bien-aimé, en qui j'ai mis toutes mes complaisances. » Aux mérites de l'offrande de cette victime, il ne peut rien refuser.

Après la consécration, le bon Dieu est là comme dans le ciel! Si l'homme connaissait bien ce mystère, il mourrait d'amour.

Souvenez-vous, mes enfants, que vous êtes obligés d'assister tous les dimanches à la sainte messe sous peine de faute grave. En y assistant, rappelez-vous que vous assistez au renouvellement du sacrifice de la croix.

CXIII.

De la sainte Vierge.

On compare souvent la sainte Vierge à une mère, Mais elle est encore meilleure que la meilleure des mères ; car la meilleure des mères rudoie quelquefois son enfant, et la sainte Vierge ne le fait jamais.

Quoique nous soyons pécheurs, elle n'a que de la tendresse et de la compassion pour nous.

On dit que l'enfant qui a coûté le plus à sa mère est le plus cher à son cœur ; on dit qu'une mère s'occupe avec prédilection du plus faible, du plus exposé de ses enfants.

Qu'y a-t-il de plus exposé que l'âme d'un chrétien ? Le démon jaloux s'efforce de lui faire perdre la grâce de Dieu ; il met en œuvre les tentations, les mauvaises compagnies, tous les moyens capables de l'entraîner au mal. Quand vous subirez ses attaques, mon enfant, criez vers Marie, elle vous défendra ; invoquez-la de tout votre cœur, elle vous sauvera.

CXIV.

Prier par Marie.

Tous les saints ont eu une grande dévotion à la sainte Vierge; aucune grâce ne vient du ciel sans passer par ses mains.

Lorsqu'on veut offrir quelque chose à un grand personnage, on fait présenter cet objet par la personne qu'il préfère, afin que l'hommage lui soit plus agréable. Ainsi nos prières, présentées par la sainte Vierge, sont beaucoup plus agréables à Dieu, parce que la sainte Vierge est la créature la plus chère à son cœur.

Lorsque nos mains ont touché des aromates, elles embaument tout ce qu'elles touchent; de même les mains de la sainte Vierge embaumeront nos prières avant de les offrir à Dieu, et nous serons plus sûrs d'être exaucés.

CHAPITRE XX

CXV.

Du Prêtre.

Qu'est-ce que le prêtre? Un homme qui tient la place de Dieu, un homme qui est revêtu de tous les pouvoirs de Dieu. « Allez, dit Notre-Seigneur au prêtre, comme mon Père m'a envoyé, je vous envoie. Toute puissance m'a été donnée au ciel et sur la terre. Celui qui vous écoute, m'écoute ; celui qui vous méprise, me méprise. » Lorsque le prêtre remet les péchés, il ne dit pas : Dieu vous pardonnera; mais il dit : « Je vous absous. » Il parle non en son propre nom, mais au nom de Dieu.

Qui est-ce qui fait descendre Jésus-Christ sur l'autel? Le prêtre. Qui a reçu votre âme à son entrée dans le monde? Le prêtre. Qui la nourrit pour lui donner la force de faire son pèlerinage sur la

terre? Le prêtre. Qui la préparera à paraître devant
Dieu, en purifiant cette âme, pour la dernière fois,
dans le sang de Jésus-Christ? Le prêtre.

Vous ne pouvez vous rappeler un seul bienfait de
Dieu sans vous souvenir du prêtre. Ayez donc du
respect et de la vénération pour les prêtres.

CXVI.

Encore du prêtre.

Si vous alliez vous confesser à la sainte Vierge ou
à un ange, vous donneraient-ils l'absolution, la
sainte communion? Non, ils ne le pourraient pas.
Un prêtre, tout simple soit-il, le peut; il peut vous
dire : Allez en paix, je vous pardonne.

Les autres bienfaits de Dieu ne nous serviraient
de rien sans le prêtre. Après Dieu, le prêtre, c'est
tout. Si on laissait un pays vingt ans sans prêtre,
il deviendrait païen. Quand on veut détruire la religion, on commence par attaquer le prêtre, par sup-
primer le prêtre; là où il n'y a plus de prêtre, il n'y
a plus de messe. et là où il n'y a plus de messe, il
n'y a plus de religion; et un pays sans religion est
un pays maudit.

TABLE DES MATIÈRES

Toulouse, Imp. DOULADOURE-PRIVAT, rue St-Rome, 39. — 1002

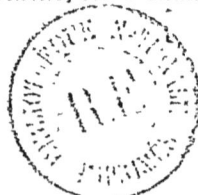

www.ingramcontent.com/pod-product-compliance
Lightning Source LLC
Chambersburg PA
CBHW072109090426
42739CB00012B/2905